El Inca Garcilaso de la Vega analizó en 1609 la fundante "escena de traducción" de la América colonizada y relevó lo que desde entonces está en juego en toda negociación traductora entre fuerzas asimétricas: malentendidos, (des)encuentros de lenguas, mundos u órdenes simbólicos. Este volumen se inscribe a consciencia en la línea crítica iniciada por el Inca traductor y traductólogo *avant la lettre*. Reúne artículos sobre diversas escenas de traducción, desde la traductología socarrona del modernista uruguayo Julio Herrera Reissig que desmiente el tópico del modernismo imitador de modelos europeos o los transculturantes experimentos tipográficos del excéntrico colombiano Simón Rodríguez, hasta las autotraductoras puertorriqueñas bilingües Rosario Ferré y Raquel Salas Rivera y sus estrategias de resistencia ante el imperialismo cultural desde una situación colonial. Con la figura del sabio Inca planeándole encima, la colección acusa una acuciante pertinencia inesperada a la luz de los acontecimientos recientes en el Perú (principios de 2023), que vienen a ilustrar penosamente lo mucho que se juega en las americanas escenas de (mala) traducción.

—NORMAN CHEADLE, Laurentian University

"Scenes of translation in the literature of Latin America," edited by Rodrigo Caresani and María Rosa Olivera-Williams, engages literary translation practices and imaginary spaces in which "the existence of 'others' is worked out through the appropriation or rejection of a language, world or symbolic order." Focusing primarily on the last century, the authors explore translational processes that reassemble literary and national genealogies as well as illuminate the interface between sites of power and marginalized peoples, migration and historical transitions. This timely, indispensable, and brilliant interdisciplinary analysis covers a wide range of genres, including film, drama, poetry, novel, and philosophy, to consider alternative mnemonic, gender, historical, temporal, and linguistic paradigms specific to Latin American contexts and representational possibilities. Indeed, these lucid essays welcome any student or scholar of Latin America to consider scenes of translation as crucial to understanding the region.

—ANNA DEENY MORALES, Georgetown University

ESCENAS DE TRADUCCIÓN EN LAS LITERATURAS DE
AMÉRICA LATINA

LITERATURE AND CULTURE SERIES
General Editor: Greg Dawes
Series Editor: Ana Forcinito
Copyeditor: Gustavo Quintero

Escenas de traducción en las literaturas de América Latina

Rodrigo Javier Caresani y María Rosa Olivera-Williams,
editores

Copyright © 2023
All rights reserved for this edition copyright © 2023 Editorial A Contracorriente

Library of Congress Cataloging-in-Publication Data
Names: Caresani, Rodrigo Javier, editor. | Olivera-Williams, María Rosa, editor.
Title: Escenas de traducción en las literaturas de América Latina / Rodrigo Javier Caresani y María Rosa Olivera-Williams, editores.
Other titles: Literature and culture series.
Description: [Raleigh, N.C.] : Editorial A Contracorriente : Department of Foreign Languages and Literatures at North Carolina State University, [2023] | Series: Literature and culture series | Includes bibliographical references. | Four contributions in Spanish and three in English.
Identifiers: LCCN 2023040796 | ISBN 9781469679129 (paperback) | ISBN 9781469679136 (ebook)
Subjects: LCSH: Latin American literature—Translations—History and criticism. | Translating and interpreting—Social aspects.
Classification: LCC PQ7081.A1 E7766 2023 | DDC 860.9/98—dc23/eng/20231013
LC record available at https://lccn.loc.gov/2023040796

ISBN: 978-1-4696-7912-9 (paperback)
ISBN: 978-1-4696-7913-6 (EPUB)
ISBN: 978-1-4696-7940-2 (UPDF)

This is a publication of the Department of World Languages and Cultures at North Carolina State University. For more information visit http://go.ncsu.edu/editorialacc.

Distributed by the University of North Carolina Press
www.uncpress.org

ÍNDICE

Presentación. Escenas de traducción en las literaturas de
América Latina 1
Rodrigo Javier Caresani, María Rosa Olivera-Williams

Technicity as Violence and Mistranslation of the American Dream
in *La carreta* (1951) by René Marqués 9
Katrina Corazon Barrientos

La traducción en el Modernismo latinoamericano: prolegómenos
críticos y teóricos 26
Rodrigo Javier Caresani

El viaje como acto de traducción: las memorias cubanas de Alma
Guillermoprieto y Margaret Randall 43
Liliana Chávez Díaz

Poetics of Translation: Gaps and Knots in Self-Translations of
Rosario Ferré and Raquel Salas Rivera 66
Ben A. Heller

Flânerie, parlache y traducción: vestigios de la ciudad letrada en la
Medellín de *La virgen de los sicarios* 87
Ruth Nelly Solarte González

Arts from the Postcolonial Republic: Experimental Typography
and the Translation of Western Enlightenment in
Simón Rodríguez 114
Emmanuel A. Velayos Larrabure

Presentación. Escenas de traducción en las literaturas de América Latina

Rodrigo Javier Caresani
rcaresani@untref.edu.ar
Universidad Nacional de Hurlingham
Universidad Nacional de Tres de Febrero

Rodrigo Javier Caresani es profesor de literatura latinoamericana en universidades de Argentina. Sus investigaciones sobre traducción y literatura latinoamericana se difundieron en revistas de prestigio internacional. Desde 2016 coordina en la Universidad Nacional de Tres de Febrero el Archivo Rubén Darío Ordenado y Centralizado (AR.DOC) y co-dirige la colección *Obras completas* de Rubén Darío.

María Rosa Olivera-Williams
molivera@nd.edu
University of Notre Dame

María Rosa Olivera-Williams es profesora catedrática de literatura latinoamericana en la Universidad de Notre Dame. Enseña, investiga y publica sobre literatura y cultura latinoamericana moderna y contemporánea; literatura de mujeres y feminismos; estudios sobre la memoria; movimientos militantes, dictaduras y transiciones a la democracia en el Cono Sur; y cultura popular, música, danza y cine.

Los españoles, habiéndole acariciado porque perdiese el miedo que de verlos con barbas y en diferente traje que el suyo había cobrado, le preguntaron por señas y por palabras qué tierra era aquélla y cómo se llamaba. El indio, por los ademanes y meneos que con manos y rostro le hacían (como a un mudo), entendía que le preguntaban mas no entendía lo que le preguntaban y a lo que entendió qué era el

> preguntarle, respondió a prisa (antes que le hiciesen algún mal) y nombró su propio nombre, diciendo Berú, y añadió otro y dijo Pelú. Quiso decir: "Si me preguntáis cómo me llamo, yo me digo Berú, y si me preguntáis dónde estaba, digo que estaba en el río". (Inca Garcilaso de la Vega, *Comentarios reales*, Libro I, IV, 15)

EN 1609 EL INCA Garcilaso de la Vega (1539–1616) publica en Portugal la primera parte de sus *Comentarios*. Hijo de conquistador y de princesa inca, Garcilaso le da forma en su texto a una conciencia lingüística hendida que podemos entender bajo la categoría de "mestizaje", aunque en los términos que apunta Antonio Cornejo Polar, es decir, "en su condición equívoca y precaria, densamente ambigua, que no convierte la unión en armonía sino –al revés– en convivencia forzosa, difícil, dolorosa y traumática" (99). Con una insistencia avasallante, ya desde las primeras páginas de su obra, el Inca se detiene en el drama de la comunicación en América, en la guerra y los debates por los nombres, en las consecuencias nefastas que una traducción equívoca trajo y trae al pasado y al presente de la conquista. A poco de iniciar los *Comentarios*, la cita que tomamos como acápite se ocupa de imaginar el primer encuentro entre un americano (maldito o mal-dicho "peruano") y los españoles. Esta fábula de origen da cuenta de un fracaso comunicativo de consecuencias gravísimas para la vida futura. Como es habitual en los relatos de este tipo de escenas, la lengua de señas hace su entrada y los españoles interpretan conforme a su deseo, "imaginando que el indio les había entendido y respondido a propósito, como si él y ellos hubieran hablado en castellano" (Garcilaso, 16). Lo poco habitual aquí es el énfasis y la precisión que este enunciador coloca en la cuestión de la lengua. De entrada, algo parece superar la barrera del lenguaje y algo se pierde en la traducción. El tono, ese rasgo suprasegmental del enunciado, conforma un circuito viable y funcional para el intercambio de sentidos: el "indio" entiende que le están preguntando pero no el contenido de lo que le están preguntando; y lo mismo sucede del lado de los españoles: captan el tono de "respuesta" pero su comprensión falla en la referencia. En rigor, el fracaso se revela en los niveles lingüísticos inferiores a la entonación, en el léxico y la fonología. En el relato de Garcilaso, la palabra "Perú" es una ficción de origen, un accidente desafortunado que adviene a partir de un reemplazo de fonemas: "llamaron Perú aquel riquísimo y grande Imperio, corrompiendo ambos nombres, como corrompen los españoles casi todos los vocablos que toman del lenguaje de los indios de aquella tierra, porque si tomaron el nombre del indio, *Berú,* trocaron la *b* por la *p,* y si el nombre *Pelú,* que significa río, trocaron la *l* por la *r,* y de la una manera o de la otra dijeron Perú" (16). La precisión descriptiva del Inca Garcilaso puede atribuirse sin demasiados esfuerzos a su formación en el Humanismo: solo un narrador que usa activamente la filología como método para validar su relato se detendría en semejante nivel de detalle.

Sin embargo, la atención minuciosa y constante a la traducción, a la mala traducción y los fallos lingüísticos, excede en este caso el prurito filológico de un hombre de letras. En este sentido, Margarita Zamora señala que el Inca se apropia de la filología como método de restauración, traducción e interpretación de los textos de la antigüedad clásica y de los textos bíblicos en lengua original para proponer una "reinterpretación de la versión española de la historia de los incas" (547). De modo que este relato inicial de un fracaso comunicativo servirá en principio, en los *Comentarios reales,* a manera de disparador para recorrer y evaluar todo un archivo hispanoamericano. A partir de esta anécdota, el Inca lanza un cotejo exhaustivo de fuentes que va de los cronistas menos fiables (Francisco López de Gómara) a los más prestigiados (Blas Valera). La traducción se transforma entonces en una herramienta fundamental para tomar partido ante el archivo de voces sobre el Nuevo mundo, muchas veces de manera polémica y otras tantas para defender un saber arrasado por los colonizadores. Pero la anécdota tiene además una dimensión performativa desde la que se recompone una apuesta utópica relativa a la traducción. Es que el Inca no narra una historia muerta o acabada, sino que el relato de esta incomprensión sigue vivo en el momento mismo en que se lo escribe. El rasgo que avala esta lectura se encuentra en la significativa intrusión del presente de la enunciación en un recuerdo del pasado aparentemente casual y neutral:

> Este es el principio y origen del nombre Perú, tan famoso en el mundo, y con razón famoso, pues a todo él ha llenado de oro y plata, de perlas y piedras preciosas. Y por haber sido así impuesto acaso, los indios naturales del Perú, aunque ha setenta y dos años que se conquistó, *no toman* este nombre en la boca, como nombre nunca por ellos impuesto, y aunque por la comunicación de los españoles *entienden* ya lo que *quiere* decir, ellos *no usan* de él porque en su lenguaje no tuvieron nombre genérico para nombrar en junto los reinos y provincias que sus Reyes naturales señorearon, como decir España, Italia o Francia. (16; cursivas añadidas)

Casi sin transiciones, el malentendido se proyecta sobre el presente mismo de la escritura, sobre las condiciones más actuales del proyecto imperial. Y, en este punto, al Inca no parece interesarle tanto resguardar una cultura ante la derrota como darle entidad a una contundente dimensión de futuro en la recuperación del pasado. Por un lado, porque esta dinámica de la traducción equívoca se aplica a todos los nombres: es la parte por el todo de la dinámica lingüística española en las Indias. Por otro, porque los "peruanos" resisten la toponimia en el presente (no acatan la nominación occidental) y esto mismo es lo que impide el diálogo actual; es decir, esa dificultad que viene "de lejos" se mantiene setenta años después, cuando el Inca escribe su historia. En este punto el imperativo de la traducción se encarna como un vehículo para la utopía. El narrador de los *Comentarios reales* se dirige a la escena de origen del Perú, escucha al "indio" balbucear "Berú, Pelú" y de inmediato traduce, repone lo que se perdió, y subsana, cierto que tardíamente, retrospectivamente, el error. Con su aparato filológico, este sujeto puede reestablecer el diálogo, localizar geográficamente el intercambio, justificarlo lingüísticamente y proponer una hipótesis válida de qué se dijo y de qué significantes se alteraron. Diálogo lanzado al porvenir, elaboración del trauma, respuesta polémica a los relatos dominantes, utopía o fracaso, son algunos de los matices que reconoce la tarea del traductor en América a partir de la intervención fundante del Inca Garcilaso. Estos rasgos se volverán a poner en juego en el vasto corpus de la literatura latinoamericana que sucede a su intervención.

En efecto, la traducción, entendida en un sentido amplio, como un fenómeno de negociación asimétrica de lenguas e identidades, constituye un aspecto central en los debates que pretenden darle visibilidad o explicar la "invisibilización" de la pluralidad cultural latinoamericana. Este volumen se propone reflexionar sobre un conjunto acotado de "escenas de traducción" en una apuesta que busca leer a contrapelo el discurso de la Historia, contra lo que ese discurso ha encubierto, para evidenciar las posiciones enunciativas de poder desde las cuales la alteridad ha sido y sigue siendo categorizada, reducida, silenciada o expropiada. La "escena de traducción", ese lugar imaginario donde se dirime la existencia de los "otros" a través de la apropiación o el rechazo de una lengua, un mundo o un orden simbólico (Catelli y Gargatagli, 14), permite poner en relación acontecimientos en el arco temporal amplio que va desde la conquista americana al presente. Así, desde los estudios literarios, estos trabajos esperan contribuir al conocimiento de las continuidades y rupturas en el devenir americano de la traducción, en una labor crítica orientada a evaluar formas instituidas de traducción e imaginar nuevas alternativas.

Las escenas de traducción que constituyen este volumen se enfocan en el proceso activo de descubrir las múltiples alteridades de las culturas latinoamericanas en tiempos y lugares diferentes. Es la vitalidad de revisitar ese momento fundante en el que se realiza la traducción nunca exacta de lenguas, culturas y mundos simbólicos lo que nos ha llevado a optar por una metodología que no se ajusta a un orden cronológico. No solo creemos que no existe un desarrollo lineal en estos desvelamientos, sino que pretendemos ofrecerle al lector herramientas para desconfiar de la idea de "progreso positivo" en la traducción, concepción afín a una perspectiva historicista que vació de conflictos y tensiones al objeto de esta investigación. Un recorrido con pantallazos de encuentros y desencuentros impulsa entonces una lectura que obliga a considerar las distintas fases de ese fenómeno que Fernando Ortiz llamó transculturación, fenómeno que también podría llamarse traducción. Así, las reflexiones sobre la canónica obra dramática de René Marqués, *La carreta: drama en tres actos* (1951), como una mala traducción del ser, la cultura y los sueños de los miembros de una familia jíbara a la lengua de la tecnicidad en el mundo industrial que termina con la muerte violenta del protagonista, atrapado en una máquina de fábrica, símbolo de la muerte del *sueño americano*, se enlaza con otra escena de traducción, esta vez del momento en el cual la traducción da origen a una cultura originaria y antropófaga latinoamericana, para usar el exitoso término de Oswald de Andrade, y que en literatura se llama Modernismo. En el marco de paradigmas fluidos sobre el Modernismo y la traducción, donde se hace hincapié en el continuo movimiento entre centros y periferias y en las tensiones entre sistemas lingüísticos, estéticos y semióticos como la poesía, la música y la pintura, la escena, concebida como un fragmento que ilumina una constelación de hechos históricos, por un lado, y, por otro, un tejido de sensibilidades, presenta la figura del más irreverente y original de los poetas modernistas, el uruguayo Julio Herrera y Reissig. En esta escena, Herrera y Reissig es el "traductor perfecto" del poema de Albert Samain, "El sueño de Canope", para demostrar que la perfección de su traducción reside en haber captado la esencia del lenguaje poético, esa esencia imposible de traducir: su musicalidad. La traducción de Herrera y Reissig se sitúa en el mismo nivel horizontal de jerarquía que el poema traducido. Rompe el sistema genealógico de la literatura e invita a una nueva forma de leer poesía, en la que Safo, la voz fundadora de la lírica, se convierte simultáneamente en "madre", "amante" y "hermana". Esta escena de traducción remite no solo al complejo concepto de autonomía, que según Theodor Adorno para el arte moderno es simultáneamente necesario e ilusorio, sino a una nueva forma de leer el Modernismo, borrando su aparente ingenuidad como nuevo movimiento concebido en la periferia.

La escena de las escritoras bilingües Alma Guillermoprieto y Margaret Randall entiende los viajes de juventud de estas dos mujeres a Cuba y la escritura sobre ellos décadas después como traducciones que hacen posible la emergencia de subjetividades femeninas/feministas. El recuerdo de estos viajes realizados por dos mujeres en los años sesenta–la revolución de los jóvenes y las revoluciones socialistas latinoamericanas– por América Latina y especialmente por la Cuba posrevolucionaria, escritos y publicados en la primera década del siglo XXI en español e inglés desde Estados Unidos (*Dancing with Cuba* [2005]/*La Habana en un espejo* [2004], de Guillermoprieto; y *Cambiar el mundo: mis años en Cuba* [2006]/*To Change the World: My Years in Cuba* [2009], de Randall), constituyen un acto de doble traducción, tanto lingüístico-cultural como de género. Aquí, la traducción permite a las narradoras, desde sus posiciones fronterizas como extranjeras híbridas en el mundo que narran, descubrir su "yo" en tensión con un "nosotros" que, en ocasiones, deja de incluirlas, convirtiéndose en "los otros".

La siguiente escena se centra en el papel de los espacios generativos en la poesía de Rosario Ferré y Raquel Salas Rivera, que autotradujeron *Language Duel/Duelo del lenguaje* (2002) y *While They Sleep (Under the Bed is Another Country)* (2019) respectivamente, y ve en esos huecos incorporados en los textos poéticos las diferentes estrategias de resistencia de los poetas/traductores al imperialismo lingüístico y cultural desde una situación colonial desigual. Pero, si en la escena en torno a *La carreta* la mala traducción de la lengua del tecnicismo acaba con la vida del protagonista, en esta escena el bilingüismo y la autotraducción de la poesía muestran que las lenguas y las culturas no se corresponden en pie de igualdad y, sin embargo, las lagunas poéticas o los excesos de una de las lenguas permiten una conversación en la que las voces de las diferentes culturas fluyen libremente. Algo parecido a lo que el viaje como traducción permitió descubrir a las narradoras bilingües Guillermoprieto y Randall. En sus viajes a Cuba, ambas escritoras le dieron cuerpo a sus subjetividades femeninas/feministas.

La escena que protagoniza el narrador de la novela de Fernando Vallejo, *La virgen de los sicarios* (1994), Fernando, nos invita a reflexionar sobre la distorsionada modernidad colombiana. Este personaje paradójico, con trazas del viejo letrado en su condición de gramático a las que se superponen las características de una de las figuras emblemáticas de la modernidad, "el flâneur", recorre un mundo muy distinto al de la modernidad de Charles Baudelaire y Walter Benjamin, el submundo urbano de Medellín a finales del siglo XX, e intenta traducir ese mundo que no considera suyo y sus voces marginales, "el parlache". Si el flâneur modernista se transformaba, según Baudelaire, en un botánico de las calles urbanas en su papel clave de entender, participar y retratar la ciudad, Fernando se convierte en un "flâneur zombi", que como el otro participa de esa cultura donde la violencia constante y la presencia permanente de la muerte borran la frontera entre los vivos y los muertos. Con esto, la obra da cuenta de una alteridad condenada en su traducción arrogante de un mundo que lo atrae y repugna.

La escena final de nuestro libro se centra en el novedoso proyecto del pedagogo y filósofo venezolano Simón Rodríguez, que en el periodo posterior a la independencia exploró las reformas ortográficas y las técnicas de impresión occidentales para desarrollar su enfoque gráfico del discurso escrito, no lineal y no sistémico, para mostrar el dinamismo de su pensamiento y la originalidad de América Latina. La originalidad del pensamiento de Rodríguez no excluía la canibalización de la cultura europea, si se entiende por canibalización cultural la adaptación y traducción de esta última. Y es precisamente aquello que no puede adaptarse a un nuevo escenario cultural y lingüístico lo que nunca deja de traducirse a través de neologismos, apropiaciones creativas y creaciones imprevistas de sentido. Esta escena propone que la visión de Rodríguez de la ilustración occidental fue un intento de explorar la experiencia poscolonial temprana como el comienzo de una nueva era de innovaciones y experimentos culturales para las sociedades hispanoamericanas.

Para concluir, unas breves palabras sobre nuestra decisión de publicar el libro en español y en inglés. De los seis artículos que componen *Escenas de traducción en las literaturas de América Latina*, tres están escritos en español y tres en inglés. Nos parecía lógico que las literaturas de un continente marcado por una historia colonial mostraran en las escenas de traducción seleccionadas la adaptación, evolución y canibalismo de dos de las lenguas imperiales que le fueron impuestas: el español y el inglés. Ambas han sufrido procesos de contaminación, con nuevas palabras, acentos y grafías que reflejan el incesante proceso de traducción cultural. Dos de las escenas que se centran en las literaturas caribeñas están escritas en inglés. En el caso de *La carreta* de René Marqués, el lenguaje de la tecnicidad que destruye al protagonista tiene su lugar en Estados Unidos y el inglés del artículo aporta otra capa de significado a la escena. La segunda escena escrita en inglés trata de la poesía bilingüe inglés/español autotraducida por sus autoras/autores, Rosario Ferré y Raquel Salas Rivera, donde el inglés ya no es la lengua del tecnicismo, sino la lengua del mercado editorial y su elección se convierte en un acto político: ¿rendición ante las fuerzas del mercado, rebeldía ante la lengua del otro poderoso o canibalismo de esta otra lengua que no puede traducir completamente el espíritu y la experiencia de la isla? Por último, el artículo centrado en el proyecto gráfico de Simón Rodríguez se presenta en inglés en un gesto que ayuda a comprender cómo el revolucionario reflexionó sobre la ilustración occidental *in totum* para abrazar la innovación como único motor válido para las culturas posindependentistas del continente latinoamericano. Por su parte, los tres artículos en español, el del poeta-traductor Julio Herrera y Reissig, el de las escritoras bilingües Guillermoprieto y Randall, y el de Fernando Vallejo, muestran a esa lengua en su momento de mayor transformación y potencial significativo. Herrera y Reissig hace una traducción perfecta porque traduce/inventa/crea lo intraducible, la musicalidad del poema de Samain. En el caso de Guillermoprieto, la mexicana con ciudadanía estadounidense, y Randall, la neoyorquina que vivió durante años en España, México, Cuba y Nicaragua, la traducción al inglés y al español de sus memorias es lo que posibilita la traducción de género y la revelación de sus subjetividades feministas. En el artículo sobre la novela sicaresca de Vallejo, el español se utiliza para traducir "mal" y desde una perspectiva arrogante y clasista el "parlache" de las comunas y del objeto sexual del narrador, el joven sicario. La elección del español para estudiar estas tres escenas de traducción enriquece los análisis.

Es nuestro deseo que quienes lean este libro descubran esos lugares imaginarios que cada escena de traducción hizo posible al dar a conocer la existencia de los "otros" mediante la apropiación o el rechazo de una lengua, un mundo o un orden simbólico.

Obras citadas

Catelli, Nora y Marietta Gargatagli. 1998. *El tabaco que fumaba Plinio. Escenas de la traducción en España y América: relatos, leyes y reflexiones sobre los otros*. Barcelona: Ediciones del Serbal.

Cornejo Polar, Antonio. 1994. *Escribir en el aire. Ensayo sobre la heterogeneidad sociocultural en las literaturas andinas*. Lima: Horizonte.

De Andrade, Oswald. 1928. "Manifesto Antropofago". *Revista de Antropofagia* (I, 1): 3, 7.

Inca Garcilaso de la Vega. 1985. *Comentarios Reales de los Incas*. Caracas: Biblioteca Ayacucho.

Zamora, Margarita. 1987. "Filología humanista e historia indígena en los *Comentarios Reales*", *Revista Iberoamericana* (LIII, 140): 547–558.

Technicity as Violence and Mistranslation of the American Dream in *La carreta* (1951) by René Marqués

Katrina Corazon Barrientos
University of Notre Dame[1]

El huérfano encontró lo que buhcaba, madre. Luis dehcubrió al fin el mihterio de lah máquinah que dan vida. (Juanita, *La carreta*, Estampa III)

What is dangerous is not technology. There is no demonry of technology, but rather there is the mystery of its essence. The essence of technology, as a destining of revealing, is the danger. (Martin Heidegger, "The Question Concerning Technicity")

TODAY, IN THE TWENTY-FIRST CENTURY, the tension between technology and humanity seems hardly a question or a discourse, but a fact taken for granted. This classic topic of the struggle for power

---

[1]. Katrina Corazon Barrientos holds a PhD in Spanish and Portuguese Languages from the University of Notre Dame. She earned her BA, summa cum laude, and MA in Hispanic Literature and Latin American & Caribbean Studies (LACS), from the University at Albany in New York. Her research centers on decolonial studies, bodies of color, and cultural space in Afro-Caribbean, Afro-Brazilian and Afro-Latino literature of modern and contemporary eras. She also analyzes the depiction of human rights violations and spatial invasion of indigenous communities in Central American literature. Above all, Katrina is interested in how the poetry of these regions collectively paints the assertion of cultural identities in the midst of a postcolonial world. When she is not occupied with her academic pursuits, she also writes her own fiction and poetry, and plays, sings, and composes music.

between the subject made by God and the object made by man takes center stage in the 1951 play *La carreta* by René Marqués, though with a colonial twist. The prolific Puerto Rican playwright, novelist and poet, born in 1919 and most iconic for his dramas in the mid- to late twentieth century, wrote trenchantly on his political views on traditional agriculture, colonial industrialization and U.S. intervention in the island's economy (Martin, 17). *La carreta* is exemplary of Marqués's sociopolitical tenor as a writer, as it follows the movement of a Puerto Rican *jíbaro* or peasant family from the countryside to the capital, and eventually across the ocean to New York where tragedy awaits them. Through patent symbols and motifs and a thematic emphasis on the family's inability to adjust to an ever-industrializing world, the play ultimately argues that technology—or technicity—fails to help the Puerto Rican *jíbaro* translate himself into the world of the American Dream, and instead reveals the inherent structural violence of postcoloniality on the marginalized sectors of humanity.

René Marqués's drama is divided into three long scene-acts which he names *estampas*. Each one is marked by a specific and significant geographical space. In Estampa I, 24-year-old tragic hero Luis and his family—his mother Doña Gabriela, his 19-year-old sister Juanita, and his 15-year-old brother Chaguito—bid adieu to Luis's grandfather, Don Chago, and farewell to their plot in the countryside that can no longer serve for subsistence farming in their rapidly industrializing world. Estampa II sees the family settled into La Perla, a seaside slum in the capital of San Juan, where Chaguito turns to crime, Doña Gabriela suffers from the urban bustle and noise, Luis struggles to find sustainable employment, and Juanita is raped and attempts suicide. Following the simultaneous traumas that befall them on a single day in San Juan, the family decides to leave both land and sea behind and fly to the U.S. Thus Estampa III opens with the characters having evolved in appearance and demeanor after some years in Harlem: Juanita is a call girl living independently; Doña Gabriela is aged and depressed at home in the apartment all day; and Luis throws his every waking hour into his work at the nearby cookware factory and his quest to unravel the mystery of machinery. Significantly, it is the movement away from one physical and cultural space into another that spurs the onslaught of loss and misery for the protagonist family and culminates in Luis's tragic death being crushed by a machine in the very factory where he works.

Marqués has been at times criticized for the simplicity of his symbols and the near cartoonish polarization of his characters' worldviews, especially in *La carreta* (Maney, 8). However, there is something of value in a play such as his which addresses the looming and ever-relevant question of postcoloniality in the relationship between the colonizing U.S. and the colonized Puerto Rico, in as straightforward and convicted a manner as Marqués's. Furthermore, it is important to note that *La carreta* was one of several Puerto Rican artistic works commissioned by the División de Educación de la Comunidad (DivEdCo) project to educate Puerto Ricans on the benefits and ills of the U.S.'s "Operation Bootstrap" initiative on the island. This operation, proposed and implemented by senator and later governor Luis Muñoz Marin of Puerto Rico, aimed to transform the island from an agrarian economy—dependent on the harvest and export of sugarcane, among other plantation crops—to an industrial one, in an effort toward modernity (Kennerley, 418). With this in mind, the target audience of a DivEdCo presentation like *La carreta* would have been peasants and laborers such as the *jíbaros*, thus necessitating a less oblique style of presenting themes and messages to those with less experience with the arts. But beyond the context of whom *La carreta* was made for, it is productive and didactic to reread Marqués's play and its themes and symbols, based on a close philosophical analysis of the roles of translation, technicity and violence in the diegesis.

Theoretical Grounding

As is apparent early on from a glance at the plot of *La carreta*, translation of physical and cultural space is a key tenet that binds together the primary themes of technicity and violence. "Translation" here does not refer to linguistic interpretation, but rather the effort to move one's self, culture and subjectivity, from a native space to another one in which fitting in means survival. Transculturation, in reference to Fernando Ortiz's sociological work on the evolving postcolonial Caribbean, is an apt name for this translation of culture necessitated by emigration. Homi K. Bhabha pushes the envelope on the notion of culture to suggest a spatial liminality to the immigrant's life in the "contingent 'in-between' space" of his new surroundings—and suggested that this is the "borderline work of culture" (7). Henri Lefebvre goes even further to argue that geographical space and cultural (mental-linguistic) space are indelibly linked into what he calls *social space* (11). Tying the threads of these analyses of culture and translation, and referencing Edward Soja's writings on "third space" and "thirding-as-Othering" (61), Katrina Corazon Barrientos asserts that the immigrant who leaves his native locality enters into a third or Othered social space where he ultimately faces the systemic struggle to translate himself into the new culture and thereby attain his socioeconomic dreams (n.p.).

The present essay examines not only how native and foreign social spaces are established in *La carreta*, but also how structural violence surrounds and pursues the family from one space to another, and how technology spurs the *jíbaro* family's movement from one sphere to the next. Specifically, Luis relocates his family at the end of the first and second acts in pursuit of the mistaken belief that technology will translate him and his loved ones into the industrialized American Dream, only to be confronted with profound and ever-increasing violence that causes the death or demise of his loved ones. It is therefore relevant to establish the understanding of violence on which this analysis grounded, and then present how technology, or technicity, plays a complicit role with such violence.

A useful definition of violence comes from Johan Galtung, who takes elements of Walter Benjamin's *Critique of Violence* when he writes that "[V]iolence is present when human beings are being influenced so that their actual somatic and mental realizations are below their potential realizations" (168). In other words, violence is the forceful limitation of a being's rights, potential achievements and actual comforts, whether on an individual level or a systemic one. Galtung's approach is prescriptive but rather pragmatic because it accounts for both physical and psychological violence, the latter of which he argues appears in society most often as structural violence. Often the "subject," or the perpetrator of violence, and the "object," or the victim of the violent action, is visible, especially at the physical and individual level, he writes (169). Yet regardless, Galtung clarifies that If people are starving when this is objectively avoidable, then "[structural] violence is committed, regardless of whether there is a clear subject-action-object relation" (171). According to this worldview, structural violence is identifiable whenever a victim has been marginalized and made to suffer.

Hannah Arendt's *On Violence* speaks to the structural, worldwide violence of her time as she reacts to society pre- and post-World War II. The boom of technology, she declares, has increased the scope and frequency of physical violence on society exponentially, such that technology is clearly the "implements of violence" (4). While Arendt generally refers to the technology of war—such as nuclear warfare and mass militarization in the West—her assertions are grounded enough in the universal and conceptual to reasonably argue that all technology of the modern age, whether intended so or not, is produced as a potential implement of violence. In fact, no technology can escape the blanket of complicity with violence, for as this analysis of *La carreta* will demonstrate, machinery in the context of industrialization advances the marginalizing ends of the (post)colonial machine.

Addressing modernity and industrialization in his essay "The Question Concerning Technology," Martin Heidegger responds to two universal definitions of technology: the instrumental definition as a means to an end, consistent with Walter Benjamin and Hannah Arendt; and the anthropological definition as a manner in which man relates to the world (4–5). Heidegger's response delves beyond the surface of the physical form of technology and grasps at the essence of it, or what he terms technicity: a "sending-that-gathers which first starts man upon a way of revealing" (26). This approach to technicity is original and significant, for it posits technology as an enduring concept and way of being rather than a new phenomenon of the postcolonial world. In other words, for Heidegger the essence of technology is that which reveals what already is—human nature and relations—at the same time that it serves as and appears to be a mere tool for creation, advancement and violence. In this vein, the philosopher cautions, "What is dangerous is not technology. There is no demonry of technology, but rather there is the mystery of its essence. The essence of technology, as a destining of revealing, is the danger" (28). As this essay shall later explore, it is this technicity, the mystery of technology, that manifests itself in *La carreta* as the "mystery of machines" that rules Luis's dreams.

Gilbert Simondon's insightful reading of Heidegger reexamines this mystery of technicity and its revelatory power. He objects to the simplification of technicity as technical object in opposition to mystical and religious subjectivity; instead, he recognizes the complexity of the relations between technological objects, technicity (their essence), and the "magic universe" of which technicity shares a portion of mystery itself. It is significant for the purpose of this analysis of *La carreta* that Simondon utilizes language such as subject-object to speak of technicity, much like Galtung and similar thinkers identify the subject-object relation between perpetrator and victim of violence. Of the magical universe that technicity (not quite object) reveals and connects to humanity (not exclusively subject), Simondon writes:

> The mediation between man and the world becomes objectified as a technical object, in the same way as it is subjectified as a religious mediator; but this objectification and this subjectification, contrary and complementary, are preceded by a primary stage of the relation to the world, *the magical stage*, in which the mediation is as yet neither subjective nor objective, neither fragmented nor universalised, and is the simplest and most fundamental structuring of the milieu of a living being: the birth of a network of privileged points of exchange between the being and the milieu. (411–412; emphasis added)

What is this magical universe or stage? How does Simondon's viewpoint hearken back to Heidegger? Taking into account Heidegger's perspective that technicity reveals, it follows that for Simondon technicity could and does reveal the "magical universe"—not to be understood as euphemistic fantasy, but as the complexity and interconnectedness of being and beings.

The question turns, then, into a matter of what constitutes the complexity of being. Here the roles of space, translation, violence and technology collapse. The essence of technology reveals what is, and what is, in the case of the new age of industrialization that confronts Luis and his family in *La carreta*, is structural violence. And if technicity supersedes mere instrumentality of violence to actually embody violence, then Luis's impassioned pursuit of the mystery of machines leads him further into the structural violence that unbeknownst to him at first is the very basis of the poverty that he flees. Immigration for the protagonist family, therefore, goes beyond a translation of social or cultural space from the countryside to the urban San Juan to the unknown jungle of New York: it is a (mis)translation of innocent hopes and dreams into the unattainable American Dream.

Technicity, Violence and Translation in *La carreta*

Two characters of the whole cast of *La carreta* stand by technology as the translation of the old world into the new: Luis, tragic hero, and Mr. Parkington, the American stranger who arrives at the family's Harlem apartment and informs them of Luis's death. Prior to Mr. Parkington's appearance, however, various characters oppose Luis's obsession with machinery. From Estampa I, Luis disregards the remonstrations of his grandfather Chago and the discomfort of his half-siblings Juanita and Chaguito to abandon their father's plot of land and move to San Juan to translate themselves into the industrialized world. "El polvenil no ehtá ya en la tierra sino en lah industriah [The future's not in the land anymore: it's in the industries],"[2] Luis says simply to his grandfather; "Hay que dilse pal pueblo [You gotta go to the cities]"[3] (Marqués, 25). Luis's viewpoint and eventual decision to move is based largely on the fact that his late father failed to keep up with the transition from coffee farming to sugarcane export, and thus the family plot languished under his watch. Luis's mother Doña Gabriela, matriarch of the family in many ways but ceding major decisions to her firstborn, concurs that the move is for the best because "lah cosah cambeaban en la montaña, pero él [her late husband] no se daba cuenta [Things were changing in the mountains but he didn't realize]" (10). With no profits from the father's declining farm, and without the assurance that Luis can dedicate enough of his life and attention to inherit and reinvigorate the land, the best option appears to be to relocate to the capital and search for factory work.

While Chaguito's negative reaction to the move stems from his reluctance to leave the familiar, and Juanita is heartbroken to leave her new beau Miguel, Don Chago's opposition is rooted in a fundamental mistrust of urbanity and industrialization. To Luis's faith in technology, Chago responds:

> Yo creo en la tierra. Enanteh creía en loh hombreh. Peor ya sólo creo en la tierra... Tiene el mehmo colol, y el mehmo olol cuando llueve, y se deja trabajal como una jembra humilda. Y el mejol que una jembra polque pare sin gritoh ni ahpavientoh. (19)
>
> [I believe in the land. Once I believed in men. But now I only believe in the land... It's got the same color, and the same smell when it rains, and it lets you work it like a humble woman. And it's better than a woman 'cause it gives birth without a lotta noise and fuss.]

---

2. All Spanish to English translations taken from the 1969 English translation published by Charles Piditch.

3. In the written version of *La carreta*, René Marqués chose to spell out the morphological differences of the typical Puerto Rican *jíbaro* dialect from standard written Spanish. This stylistic choice highlights the social and class distinctions between the protagonist family and other characters, such as Paco and Mr. Parkington in Estampa III.

Reading between the lines, it appears that Don Chago predicts technology's very betrayal of Luis, in contrast to the constancy he finds in the earth and, symbolically, in agrarian culture. In essence, the figure of the sage grandfather calls for Luis to curb his youthful rashness and consider the beauty of a life in which none of the family needs self-translation from *jíbaro* to city folk, from farmer to factory laborer, from dignified landowner to insignificant screw in the new world machine. Don Chago's metaphorization of the land as a humble woman that yields harvest also signals the introduction of gendered spaces, which will reappear throughout the next two acts in support of Marqués's theme of the untranslatable nature of cultural spaces and the American Dream.

Already the *jíbaro* family's inability to self-translate into the new world they face is forecasted by Luis's roots. When Don Chago takes note of Gabriela's uncharacteristic willingness to follow Luis wherever he takes the family, Gabriela hints that she is driven by the lifelong desire to make Luis feel as though he is truly one of them. Chaguito nearly lets slip that he knows Luis is the illegitimate child of his father and another woman, and thus in practicality an orphan to this adoptive family, before Gabriela stops the teenage boy from uttering the secret aloud. Approaching these snippets in the dialogue from the lens of Marqués's obvious style of symbolism, Luis's orphan status and his restlessness to move from one space to another point to his inability to fit in, and therefore to translate himself, into the environment of any space he moves through. Furthermore, the fact that Gabriela guards the secret of Luis's parentage and yet both Chaguito and Juanita already somehow know is a comment on how the struggle to translate oneself socially and culturally from a native space to a foreign one is a veiled but universally acknowledged truth.

The unresolvable tension between land and city that Don Chago names in the first act comes into focus in Estampa II, set in the seaside slums of San Juan. Though the movement from the first to third act is tagged by the playwright as land-sea-city, the second act's location by the ocean does not diminish the fact that the urbanization of San Juan as a result of Operation Bootstrap has led to the overpopulation of the capital by country migrants that flood the factory labor pool. Thus Luis finds himself out of work time and again, and Chaguito turns to pickpocketing, until Luis arrives home announcing that a city woman has hired him as her gardener. Gabriela muses aloud: "¿Sabeh una cosa, Luis? Que tú vinihte pal pueblo juyéndole a la tierra.

Y la tierra te saca de apuroh aquí mehmo en er pueblo [You know somethin', Luis? You came to the city to get away from the land. And now the land helps you out right here in the city]" (78). Here Gabriela takes on the role of Don Chago in gently chastising Luis for his blind faith that technology will sustain the family. Her comment, moreover, signals to the audience the reappearance of the theme of (mis)translation, whereby Luis's failure to obtain secure employment at the factory compels him to return to his agrarian roots and live out Don Chago's prediction that the land will never betray him. Man born of the land, says the playwright, cannot translate himself into a man of the machine; and his attempt to imbricate his native social space into the foreign one is not for nostalgia but for survival.

Matilde, Juanita's older friend from La Perla and her confidante in the wake of her sexual assault and subsequent abortion, functions as another voice from the margins that articulates the play's themes for the audience like a Grecian chorus. As she relaxes in the family's rocking chair—the only vestige from their life in the country mountains, since Chaguito's pet rooster and Gabriela's wooden figurine of San Antonio have been sold off at this point—she metaphorizes the back-and-forth movement as that of the Puerto Rican people. "De atráh palante. Y de alante patráh. ¡Imagínate eso! [Back and forth, back and forth. Just imagine!]," she exclaims. "Moviéndose, sin moverse. ¡Queándose en el mehmo sitio! ...¡Qué cosah! ¡Cuidao que la gente de enante era bruta! [Moving without moving. Movin' without gettin' anywheres... How nutty! People sure were stupid in them days]" (86). In much the same way that Gabriela observed how the land rescued Luis from penury in the city, Matilde's comment also criticizes the futile cycle of immigration and return engendered by industrialization on the island. For Matilde, the mere physical movement from one locality to another is not genuine progress, but rather works under the guise of it. Those who are driven from their farms by the threat of extinction in this new world of machines instead find themselves trapped in inescapable poverty by industries themselves—the new face of the postcolonial structural violence.

Despite Matilde's denunciation of chasing after dreams fueled by violent machines, and Gabriela's comment that only the land could save Luis in San Juan now, Luis's affinity for working with and studying the ways of technology grows ever more obsessive in Estampa II. To his neighbor and one-time lover Doña Isa he complains of the gardening job:

Yo no consigo loh trabajoh que quiero. A mí me guhtan lah máquinah. Porque hay argo grande y como mihterioso en una máquina. Son piesah de hierro y asero, pero cualquiera diría que tién vida. Casi como si tuvieran arma. (99)

[I don't get the jobs I want. I like machines. 'Cause there's something great and mysterious-like in a machine. They're just pieces of iron and steel, but you'd almost say they were alive. Almost like thay had souls.]

Similar to Don Chago's anthropomorphic praise of the land as a humble and industrious woman, Luis, too, frames technology as something with life. He does not yet lend humanity or gender to machines—a subject that will return to the stage at the close of the third act—but he attributes a soul to machinery, *un alma*. Notably, Marqués's style of writing out the stereotypical Puerto Rican *jíbaro* accent in his characters' dialogue shifts the spelling from *alma* (soul) and *arma* (weapon) several times throughout the drama, in one of the playwright's more subtle bids to link industrialization with violence and, eventually, death.

Violence, indeed, has followed the family from the mountainside to the end of the second act, at which Luis makes the pivotal decision to fly the family to New York. Through the dialogue at the opening of Estampa II, it is clear that Don Chago passed away shortly after the family left him behind. Feeling unwanted by and burdensome to Gabriela's brother Tomás, Chago retreats to a nearby cave where he lives the rest of his days as a hermit. In San Juan, Chaguito's run-ins with the law as a petty thief land him in jail, leaving his mother and siblings no choice but to leave him behind when they depart for the U.S. And Juanita, through hints between the lines of her conversation with Matilde, has been sexually assaulted and impregnated by a stranger, rendering her depressed and beside herself from the shame of discovery in a largely puritan Catholic society. Seeking to escape the misery that her life in the city has become, and to cover the guilt of undergoing an abortion, Juanita jumps into the sea and is only narrowly rescued and resuscitated by Matilde and the neighbors. It is at this point that Luis cements his decision to leave not only the country land, but also the seaside city behind, in clearer pursuit of the American Dream he so firmly believes lies at the center of his passion for machines and his dreams of repaying Gabriela's goodness by lifting the family from poverty. What the characters remain unaware of, and what the playwright only communicates to the audience through these heavily symbolic scenes and shifting of spaces, is that technology does not resolve the structural violence the family is fleeing, nor liberate them from it: technology only reveals the violence that already *is*.

With the loss of one family member after another from variously violent means setting the stage for the final tragedy, the dialogue of Estampa III turns even more politicized and pointed to support Marqués's social critique. When censured by Luis for moving away from home and working nights as a call girl, Juanita attempts to articulate her restlessness and profound unhappiness in Harlem thus:

> Un día salimoh de nuehtro campito en una carreta porque díbamoh a buhcar la libertá. Noh enserraban lah montañah y juimos al mar. Pero el mar también nos enserró y juimoas del mar. Ahora noh ensierran edifisioh que paresen montañah y mareh de gente que noh empujan, y noh empujah. (125)
>
> [One day we left our little farm in an oxcart 'cause we were goin' in search of freedom. The mountains were closing in on us, and we fled to the sea. But the sea closed in on us too, and we fled from the sea. Now we're closed in by buildings that look like mountains and seas of people who push us and shove us.]

Juanita argues that she, just like Chaguito in San Juan, is driven to such measures to make it in America. Where she and her family cannot fit into the new culture—cannot translate themselves and their social spaces from their native Puerto Rico to the foreign space of the U.S.—they fill their minds and time with material acquisition, which in turn demands countless hours of labor from Luis at the cookware factory, and casts Juanita into a dilemma of religion and dignity over her profession. In this quote, Juanita has effectively placed her finger upon the pulse of what Luis has failed to identify before as the heart of their problem: that they may escape land and sea to translate themselves from country peasants to styled urbanites, but loss pursues them, and their failure at self-translation continues to end in violent tragedy. In communicating her analysis, Juanita falls back on the same anthropomorphic tendencies as her grandfather and brother—describing the skyscrapers as growing and closing in on them in Harlem—but the heart of Marqués's message still strikes at the complicit relationship between technicity and violence in the gradual demise of the protagonist family.

The necessity, violence and failure of cultural self-translation demanded by emigration to the West is even more clearly illustrated in the brief appearance of Juanita's friend Paco. Out of all the Puerto Rican characters, Paco speaks with the articulation and refinement of an educated and urban man, which triggers Luis's initial hostility toward him as the perceived manifestation of everything Luis was not born with and may never achieve. Paco's great secret lies in the fact that he, too, was born in the country with a *jíbaro* accent as thick as the Luis's, but strove above all to self-translate into a virtually unrecognizable version of himself to achieve the American Dream. "No, yo no nací en el pueblo. Nací en un campo de Morovis [No, I wasn't born in the city. I was born in the country near Morovis]," he reveals; "El hablar fino, como usted dice, es un medio de ganarme la vida. Cada cual hace lo que puede [What you call my good speech is just a means of earning a living. We all do what we can]" (131). His vernacular not only constructed for him a veneer of high education and socioeconomic status, but also won him a career as a radio announcer. Yet despite his economic success and the fact that he arguably has tasted a bite of the American Dream, Paco, too, like Juanita and her family, is bitterly unhappy; and even in the midst of his casual proposal to Juanita at the end of the scene, both of them acknowledge that matrimony will do nothing to cure their individual heartache unless they muster the courage to return to their native space.

Despite the numerous voices cautioning and even rebuking Luis throughout the play to rein in his adoration of the same technology that has done little to fulfill his dreams of happiness, Luis remains obstinately optimistic to his tragic end. "¿Qué jaríamoh si no fuera por ellah, ah? Lah máquinah noh dan la vía [What would we do if it wasn't for them, eh? Machines give us life]," he furiously chastises Juanita (131). And to Paco he declares:

> *Luis*: ¿Pero uhté sabe lo que eh una máquina? No no sabe ná. Una máquina eh una cosa tremenda. Eh como un milagro. Hay argo que no se acaba de entender en una máquina. Cualquier día hase argo que uno no ehperaba. Pero la gente cree que con conoser lah tuercah y loh tornilloh que tiene dentro ya saben lo que eh. Pero no saben, no saben ná. Uno nunca acaba de conoserla. ¿Se fija por qué digo que eh una maravilla?
>
> *Paco*: Sí... Parece que usted cree que una máquina tiene...vida y cerebro...alma y voluntad. (131–132)

[*Luis*: But do you know what a machine really us? No, you don't know nothin. A machine is a tremendous thing. It's like a miracle. There's somethin' you can never completely understand in a machine. Any day it's apt to do somethin' unexpected. But people think that by knowin' about the muts and screws it's got inside, they know what it is. But they don't know; they don't know nothin'. You really never can get to know it. You see why I say it's such a marvellous thing?

Paco: Yes… It seems as though you think a machine has…life and brains…a soul and a will of its own.]

One of the many paradoxes of this exchange is that at the same time Luis accuses Paco and others of knowing nothing of the workings of technology, he, too, has not yet discovered the "mystery of machines" that drives him to near insanity. In Paco's reluctant words, Luis believes machines have life, brains, soul and will—as close to the description of a human being as he has ever come throughout *La carreta*—but what Luis does not realize is that is it the being of technicity, and not the humanity of it, that beckons to him. The mystery he pursues will not end in the discovery of a new secret; instead, technicity will only reveal what already is, just like Gabriela preventing Chaguito from uttering aloud that Luis is an orphan will not reverse the truth that everyone in the family already knows the secret.

Shortly after, Mr. Parkington, the sole other proponent of the postcolonial virtues of technology, enters the scene to offer the last—and most ironic— exaltation of machinery in the play. As a representative of Iglesia de Dios, Inc., Mr. Parkington knocks door-to-door in Harlem to spread word of educational programs for Puerto Ricans in machinery-related trades. "Los puertorriqueños tienen que orientarse en esta civilización mecanizada," he states. "Tienen que conocer el mundo de las máquinas… Los obreros puertorriqueños tienen que conocer sus responsabilidades y rendir el máximo de labor. Nosotros [the Americans] los orientamos [The Puerto Ricans must become orientated to this mechanized civilization… They must become familiar with the world of machines… The Puerto Rican workers must recognize their responsibilities and yield the maximum labor. We orient them]" (168). Significantly, the fact that Mr. Parkington is the only American to cross the stage of *La carreta* and is lauding the progress of U.S. industrialization in this manner drives home for the audience the bitter reality of the Puerto Ricans' unequivocal exclusion from the American Dream. No amount of self-translation, even to the point of linguistic and aesthetic transformation such as Paco's, or extreme workaholism on Luis's part, will ever relocate this immigrant family into the dream they have moved countries and continents for. Rather, the ever-growing industrialization around them will only pronounce more acutely the nightmare they have been fleeing.

The announcement of Luis's death from Mr. Parkington's lips reaches the pinnacle of ultimate violence in the play. Luis was not amputated or disabled by an accident; instead, he fell headlong into one of the giant, unnamed machines at his factory shift while climbing in to discover its inner workings, and so was shredded to death when the machinery came back to life. In the midst of Gabriela and Juanita's sobs at the news, the first words to leave Juanita, peculiarly enough, are: "El huérfano encontró lo que buhcaba, madre. Luis dehcubrió al fin el mihterio de lah máquinah que dan vida [The orphan found what he was looking for, mother. Luis finally discovered the mystery of the machines that give life]" (170). The statement is heavily laden with symbolism. Nowhere else but here in the text is Luis referred to as "the orphan," thus pointing to the thematic of the failure to self-translate and fit in. Symbolic, too, is the fact that Luis was not working at the time of his horrific accident, but actively attempting to learn how technology works. His obsessive pursuit of the "mystery of machines," as Juanita now is able to articulate, far transcended a mere curiosity for the shifting of gears or the pull and hum of hydraulic power. Below the surface, Luis has always known that his self-translation has failed in the new technological postcoloniality because he does not understand what drives technicity in the first place. And it is his passion to unravel this "mystery of machines" that—in more ways than one—precipitates his tragic demise.

The bittersweet resolution for the family members who survive Luis encapsulates the gist of Marqués's message on the violence of technicity and the untranslatability of immigrant culture into a postcolonial world. Gabriela and Juanita, left now without a man of the household, resolve to return to their countryside hometown, where Gabriela's brother Tomás has sold the family plot to Juanita's first boyfriend Miguel, and Miguel is eager to reunite with Juanita. The news, while seeming a bit *deus ex machina* of a plot device, is sufficient to lead the characters into the conclusion that Marqués desires for the audience to grasp. "[H]ay cosas que no tienen remedio. Y menoh lah pué remediar una mujer," says Gabriela, "Y menoh toavía una mujer hihtérica. Porque ehte mundo eh de losombreh [But some things just can't be helped.

Especially by a woman. And even less a hysterical woman. 'Cause this is a man's world]" (152). The single mention of gendered spaces is a meaningful nod to Don Chago's sagacious words, that the land is faithful and wonderful like a woman. The "man's world" to which Gabriela refers may be Harlem, or the U.S., or even industrialization in general. What is clear is that there is an irreconcilable difference between the two spaces of Puerto Rican land and American city, even from Gabriela's perspective—a difference as irreconcilable as the immortal tension between man and woman. And as Gabriela muses on how Luis's body will be buried back in Puerto Rico, she says, "La tierra donde nasió será pa siempre la madre que lo haga dormir sin trabajoh ni doloreh" (171). Only in his native countryside hometown, buried in the land and the feminine space where he needs neither transformation nor translation, will Luis's soul be at peace.

The Mistranslation of the American Dream through Technicity

On some levels the plot of *La carreta* appears utopic as the playwright evaluates the tension between agrarianism and industrialization. After all, it is pragmatism and not purely technological obsession that is the impetus for Luis to uproot his family and head to the urban spaces of San Juan and Harlem. J. Bret Maney criticizes "*La carreta*'s negative representation of diasporic Puerto Ricans, its essentializing linkage of *puertorriqueñidad* with insular rural life, and its author's Hispanophilic elitism" (8). Juan Flores likewise notes, "[I]n *La carreta*, the entire migration experience is presented as a process of abrupt moral and cultural deterioration...their [the family's] only hope for salvation is in return to the Island and the resumption of peasant life on the land" (169). Indeed, Gabriela and Juanita deciding to return to Puerto Rico—specifically to their small farm plot that did not profit them in the past—on one hand seems as though the two women now value their personal happiness over money and materialism, but on the other hand does not address the fact that Operation Bootstrap, modernity and industrialization have forever changed the way Luis's family fits into the Puerto Rican and world economy.

Still, Marqués's political critique bears weight when considered under the lens of colonialism and the structural violence it established between the ex-colonizer and the ex-colony. Notwithstanding the playwright's romanticization of the *jíbaro* lifestyle and his simplistic nostalgia for an agrarian society,

La carreta proposes a valid scrutiny of the role of technicity in revealing and propagating the structural violence engendered by colonialism. The play, moreover, lends itself to a Heideggerian and Simondonian frame of analysis, exposing how technicity is more than a mere technical object and reveals the obscure connections of the 'magical universe' that is humanity. Luis, epitomizing the tragic Puerto Rican peasant hero, chases after the mystery of the new world and the American Dream that is so indelibly linked to machinery, and only discovers the true "mystery of machines" when he steps inside one and realizes—too late—that this grand mystery is violence. Through the rise and fall of Luis and the crushing of his body between the gears he so craved to know, *La carreta* tells the audience that technology is not the vehicle of translation by which the colonized immigrant can easily shift from Puerto Rican social space to American space; rather, it is both instrument of colonial violence on the marginalized Puerto Rican subject, and unveiler of the structures of violence that already were before the advent of industrialization. Such is the bleak outlook for immigrants, says Marqués, for the American Dream will always be mistranslated to those on the borders, and the violence will never end.

Works Cited

Arendt, Hannah. 1969. *On Violence*. New York: Harcourt, Brace & World.
Barrientos, Katrina Corazon. 2020. "'Learning to Sleep in New Places': Language, Third Space and Othering in 'Negocios' and 'Invierno' by Junot Díaz.", *Portals* (17): n.p. Accessed 29 July 2020.
Bhabha, Homi K. 1994. *The Location of Culture*. London and New York: Routledge.
Cortés, Felix, Ángel Falcón and Juan Flores. 1976. "The Cultural Expression of Puerto Ricans in New York: A Theoretical Perspective and Critical Review", *Latin American Perspectives* (3, 3): 117–152.
Flores, Juan. 1993. *Divided Borders: Essays on Puerto Rican Identity*. Houston: Arte Público Press.
Galtung, Johan. 1969. "Violence, Peace, and Peace Research", *Journal of Peace Research* (6,3): 167–191.
Heidegger, Martin. 1977. "The Question Concerning Technology". In *The Question Concerning Technology and Other Essays*. Trad. William Lovitt. New York: Garland. 3–35.
Kennerley, Caiti Marsh. 2003. "Cultural Negotiations: Puerto Rican Intellectuals in a State-Sponsored Community Education Project, 1948–1968." *Harvard Educational Review* (73, 3): 416–448.

Lefebvre, Henri. 1991. *The Production of Space*. Trans. Donald Nicholson-Smith. Malden: Blackwell.

Maney, J. Bret. 2019. "Erasing Race: Translation Out the 'Afro' in René Marqués's *La carreta*", *Centro Journal* (31, 3): 4–24.

Marqués, René. 2000. *La carreta: Drama en tres actos*. San Juan: Editorial Cultural.

———. 2000. *The Oxcart (La carreta)*. Trans. Charles Piditch. New York: Scribner.

Martin, Eleanor J. 1979. *René Marqués*. Boston: Twayne Publishers.

Simondon, Gilbert. 2011. "On the Mode of Existence of Technical Objects". Trans. Ninian Mellamphy, Dan Mellamphy and Nandita Biswas Mellamphy. *Deleuze Studies* (5, 3): 407–424.

Soja, Edward. 1996. *Thirdspace: Journeys to Los Angeles and Other Real-and-Imagined Places*. Malden: Blackwell.

La traducción en el Modernismo latinoamericano
Prolegómenos críticos y teóricos

Rodrigo Javier Caresani
Universidad Nacional de Hurlingham (UNAHUR)
Universidad Nacional de Tres de Febrero (UNTREF)

La traducción (de poesía) como "anomalía" en la crítica sobre Modernismo

...y aquí le perdonáramos al señor capitán que no le hubiera traído a España y hecho castellano; que le quitó mucho de su natural valor, y lo mismo harán todos aquellos que los libros de verso quisieren volver en otra lengua: que, por mucho cuidado que pongan y habilidad que muestren, jamás llegarán al punto que ellos tienen en su primer nacimiento. Digo, en efeto, que este libro, y todos los que se hallaren que tratan destas cosas de Francia, se echen y depositen en un pozo seco, hasta que con más acuerdo se vea lo que se ha de hacer dellos... (Cervantes, *Don Quijote de la Mancha*, Primera parte, capítulo VI, 70)

Es parte del sentido común en la historia de las lecturas del Modernismo latinoamericano suponer que ese "pozo seco" donde cae la tradición de la lírica francesa para los personajes de Cervantes se vuelve fuente caudalosa hacia finales del siglo XIX. En un relato repetido hasta el agotamiento y todavía vigente en alguna medida, los modernistas habrían sacrificado su *origen* para ganar en *originalidad*. La ecuación se remonta a la recepción inicial de esta estética y contribuye a imponerle al movimiento el atributo de ingenuidad e incluso de sospecha ideológica: fundar el verso moderno en español pero a costa de afrancesarse, mundializarse, universalizarse o globalizarse. Si parece existir un consenso crítico sobre el estado todavía embrionario de una historia de la traducción en América Latina, el *fin de siècle* se revela, más aún, como otro constante y resistente "pozo", donde los alcances estéticos pero también políticos del fenómeno de la traducción apenas se comienzan a comprender. ¿Cómo explicar o justificar esta ceguera crítica? ¿Qué motivos conductores en las lecturas hegemónicas que se enfrentaron al Modernismo en el siglo XX presiden este descuido o anomalía pero, a su vez, ofrecen las alternativas para una reconsideración en el siglo XXI?

A priori, podría argumentarse que ciertos modos dominantes de leer al Modernismo, articulados desde América Latina a partir de fines de la década de 1960 y potenciados en el transcurso de la siguiente, deconstruyeron la relación de poder implícita en el esquema centro-periferia y contestaron categorías como las de "ascendente", "influencia", "origen" y "originalidad", pilares de las perspectivas comparatistas que circulaban en ese contexto. Como efecto de estas lecturas, las conexiones entre una estética emergente en los márgenes de la modernidad y las consagradas en sus centros fueron reevaluadas desde un enfoque polivalente, ya no en términos de una mera "difusión" unilateral sino como "conflicto". Pero al tiempo que ese abanico de posiciones críticas mantuvo la preocupación por desmitificar la aplicabilidad de concepciones eurocentristas de la modernidad —preocupación que se recupera en las fórmulas del fin de siglo como una "modernidad discrónica" (Rama, 1985), una "modernidad desencontrada" (Ramos) o una "modernidad disonante" (Kirkpatrick), entre otras—, la renuencia a asumir los paradigmas interpretativos asimilables a la vasta disciplina de la(s) literatura(s) comparada(s) tendió a restarle visibilidad a la práctica del traductor en la articulación de una poética.

Entendida en un sentido laxo —como figura del viaje, del traslado, de una o de múltiples transferencias simbólicas—, la traducción ha modulado desde siempre los supuestos y protocolos de las principales líneas de la crítica sobre el Modernismo, pautando su propia retórica, las zonas textuales privilegiadas para el análisis y la lectura, y los circuitos posibles de sentido del "centro" a la "periferia" y viceversa. Apoyadas en los ensayos pioneros de Octavio Paz y José Emilio Pacheco que a fines de la década de 1960 se oponen a los estereotipos del Modernismo como "exotismo", "torremarfilismo" e "influencia" —con la recuperación del "americanismo" de esta estética, ya sea en la idea de una traducción discordante del Romanticismo y el Simbolismo, "metáfora" antes que repetición pasiva del modelo (Paz, 1965 y 1974), o en la atención a su capacidad de síntesis de tendencias literarias europeas sucesivas e incompatibles (Pacheco)–, las lecturas de Ángel Rama constituyen un hito fundamental en la discusión contemporánea sobre el fin de siglo (ver Aguilar; Pineda Franco, 2000 y 2009; Poblete; Moro). En concreto, su proyecto crítico articula en forma inédita dos dimensiones clave para comprender el rol del Modernismo como quiebre o novedad en la historia de la cultura latinoamericana: un cambio en el nivel de la institución literaria se asocia a una tarea de selección y asimilación crítica de las principales tradiciones literarias de la modernidad. Según esta perspectiva, el Modernismo resulta menos un mero arcón de obras con temas o recursos afines que todo un "sistema literario autónomo", ya que impulsa y reconoce "la existencia de un conjunto de productores literarios, más o menos conscientes de su papel; un conjunto de receptores, formando los diferentes tipos de públicos, sin los cuales la obra no vive; un mecanismo transmisor (de modo general, una lengua traducida en estilos) que liga unos a otros" (Rama 1983, 9). Para Rama, paradójicamente, esta función bisagra del movimiento que deriva en una primera y "original conciencia cultural americana" nace de "una selección de las influencias literarias extranjeras, según la adecuación que muestran con las transformaciones culturales que se están produciendo en la comunidad receptora, en la cual se conjugan la modernización y la tradición según un muy variado polígono de fuerzas" (1983, 18). De esta manera, si el concepto de "sistema" describe los soportes institucionales de una nueva práctica y señala la emergencia de una nueva autoridad –el "escritor de la modernización", disociado del "letrado" en una delicada fisura de la "ciudad letrada"–, esa precaria autoridad es inseparable de un abanico de operaciones de "transculturación", es decir, de traducción y apropiación creativa de legados culturales. El Modernismo se piensa, así, como la apuesta transculturadora de un arte en movimiento que, en la invención de una lengua perforada por otros idiomas –y aun en el uso de un español envejecido como lengua otra, también extranjera–, deja fluir una dicción y un imaginario americanos.

A la par de Rama, las hipótesis de Noé Jitrik y Rafael Gutiérrez Girardot coinciden en figurar la producción cultural del fin de siglo latinoamericano colocando en primer plano los modos específicos de su inserción en el capitalismo tardío. Y si bien en ambos casos el recorte en la circulación de sentidos privilegia la irradiación de la metrópolis hacia el margen y de la "producción social" a la "literaria", las dos posturas arrancan al Modernismo de la "traducción" pacífica de las relaciones de producción de su tiempo. En Jitrik, la consolidación de lo que denomina el "sistema productivo modernista" (10) subraya la sintonía del arte latinoamericano con el avance de la ideología industrialista dominante en la producción moderna y, al mismo tiempo, aquello que lo enfrenta al esquema económico de la autóctona modernidad dependiente. En Gutiérrez Girardot, la traslación funciona en el análisis del fenómeno de "secularización" en la medida en que la dinámica de "desmiraculización del mundo" que funda al arte como nueva mitología se transfiere a Latinoamérica por "presión de acomodamiento" (49) y permite el desarrollo de una conciencia artística local, sobre todo como alternativa a la hegemonía del positivismo.

Bajo el signo de estas investigaciones fundantes –todas atentas a una relación multidireccional entre modernidades discordantes y, por ende, comprometidas con una concepción productiva antes que deficitaria de la traducción–, lecturas más próximas del Modernismo vuelven a evaluar este fenómeno desde distintos ángulos. Julio Ramos analiza los desplazamientos y las apropiaciones que en América Latina sufren los lenguajes de los centros de la cultura occidental bajo la categoría de "modernización desigual", concepto que le permite explicar la heterogeneidad formal y funcional de la moderna literatura latinoamericana, siempre abierta a la contaminación, a la traducción, al ejercicio de una autoridad discontinua y múltiple en el tejido de la comunicación social del período. Siguiendo a Ramos, Sylvia Molloy (1992 y 1994) encuentra en el vaivén entre voracidad y solipsismo –entre la necesidad de colmar un vacío y el dandismo de creerse el único que "dice"– el rasgo constitutivo del Modernismo y sin embargo apunta la "traducción desigual" que instala el fin de siglo latinoamericano para purificar no solo la literatura sino también los estereotipos decadentes del artista de la modernidad europea, disfuncionales en los debates por la "salud" del "cuerpo nacional" y la identidad sub-continental. Por su parte, Beatriz Colombi se aproxima a las operaciones de traducción implicadas en la escritura "desterritorializada" o "extraterritorial" de los viajeros finiseculares para describir la configuración y difusión de un imaginario moderno en Latinoamérica y marcar la aparición de una nueva figura, la del "viajero intelectual", el "escritor que se autorrepresenta como agente de una cultura e interviene como tal en una escena pública exterior" (16). Finalmente, la traducción desempeña un rol decisivo en los estudios transatlánticos, un incipiente espacio de reflexión intercultural y transdisciplinaria que bajo la guía de Julio Ortega concibe un "nuevo hispanismo" –contra los estudios poscoloniales y sus nociones simétricas de eje y periferia, área peninsular e hispanoamericana, aplanadoras de los textos americanos más relevantes– al redefinir los flujos autóctonos y europeos mediante un radical "principio dialógico" (Ortega, 2003a y 2010). Sobre la base de este "principio" el Modernismo reaparece como un objeto cultural multilingüe y sus escritores como agentes de un vasto mecanismo de alusión y apropiación literaria "que nivela y descentra los objetos de la cultura" (2003b, 35).

Sin aspirar a un análisis acabado de la masa vasta y proliferante de bibliografía sobre el Modernismo, aunque reconociendo en esta selección contribuciones imprescindibles para el estudio del campo, es preciso notar que al interés continuo en la traducción le ha correspondido un rechazo de análoga persistencia a los abordajes provenientes del comparatismo. Este apartamiento no resulta incidental si una concepción productiva o afirmativa de la traducción implicaba un conflicto con el etnocentrismo de la literatura comparada tradicional. Así lo demuestran tempranamente los trabajos de Ana Pizarro al considerar –en diálogo con los estudios de Rama y Jitrik– que solo un nuevo "comparatismo descolonizado", a la expectativa de constantes relaciones dialécticas, de "complejos procesos de resemantización", "asimilación creadora" o "antropofagia cultural", podía captar la heterogeneidad de la literatura latinoamericana moderna sin reducirla al "reflejo" de las metropolitanas (ver Pizarro, 1982, 1986 y 1988). Sin embargo, a partir de la recepción de los paradigmas hermenéuticos asociados a las categorías de "República mundial de las Letras" (Casanova) y "literatura mundial" (Moretti, 2000 y 2003), la discusión sobre la legitimidad del comparatismo vuelve a cobrar visibilidad e incide –con una persistencia que no se registra en otras áreas de la crítica literaria latinoamericana– sobre la agenda de los estudios dedicados al fin de siglo. Al trasladarse al Modernismo, estos marcos interpretativos fueron objetados por recalar en el argumento eurocentrista que equipara las desigualdades del mundo económico con las del mundo literario, presupuesto que según Efraín Kristal oblitera en beneficio de la novela la eficacia social de la poesía del período. Para Kristal, esta práctica que perdura como "el género literario dominante en Hispanoamérica hasta la década de 1960" alcanza desde la labor literaria de Rubén Darío –en la invención tanto de temas como de formas– "un efecto transformador en toda la poesía en lengua española" (104). Asimismo, Graciela Montaldo destaca que la noción de "mundo" –en sus fórmulas binarias y uniformizantes de "centro versus periferia", "nacional versus transnacional" o "forma extranjera versus contenidos locales"– ignora las disputas en el nivel de la "institución literaria" y, en particular, en el surgimiento de una "zona fronteriza entre la cultura letrada tradicional y la cultura que comenzaba a ser masiva" (2006, 255); esta zona fronteriza es la condición indispensable para que la cultura se expanda y acceda a un umbral transnacional, puesto que el fin de siglo latinoamericano reutiliza "la caída de las barreras nacionales para mejor poder levantar las del gusto y la tradición, constituyendo las fronteras entre élites y muchedumbres" (2006, 257).

En el marco de estas controversias, varias aproximaciones vuelven operativos los desarrollos sobre literatura mundial –sin aceptar en bloque sus presupuestos ideológicos– para reenfocar la literatura latinoamericana desde una reflexión renovada sobre los objetos y métodos tradicionales del comparatismo. Según Mariano Siskind, el concepto de "deseo de mundo" torna inteligible el juego de una estructura epistemológica común a los discursos del Modernismo latinoamericano, donde la afirmación insistente de una identidad cosmopolita se presenta como la práctica literaria estratégica de una estética que intenta ocupar un lugar en la modernidad desafiando al mismo tiempo "las estructuras hegemónicas propias de las formas eurocéntricas de exclusión y los patrones nacionalistas de automarginación" (6; traducción propia). En la misma dirección, el proyecto crítico de María Teresa Gramuglio resignifica el rol de América Latina como un factor activo en la red de intercambios entre las literaturas nacionales periféricas y las literaturas centrales, mientras busca explicar esas relaciones "ya no en términos de influencia, imposición o subordinación al modelo extranjero, sino en los más sistemáticos de la desigualdad estructural que caracterizaría el funcionamiento de las literaturas que se ponen en contacto en la 'República mundial de las Letras'" (2011, 49). Y si la atención a los momentos de coalescencia de "las literaturas latinoamericanas" –en plural, ya que hoy parecen poco viables los proyectos totalizantes– reabre la posibilidad de enfrentar problemas acotados apelando a criterios comparatistas, entre esos problemas para la crítica latinoamericanista venidera sobresalen los planteados por los "estudios de traducción" y los que descubre el análisis de las relaciones entre artes (ver Gramuglio, 2006).

No obstante, a pesar de este registro de miradas alternativas en torno al problema de la traducción en una tradición posible de estudios sobre el Modernismo, la praxis concreta de estos poetas como traductores permanece relativamente inexplorada. El relevamiento de los trabajos específicos más actuales y trascendentes sobre la cuestión muestra además una concentración casi exclusiva en estudios de caso (ver Cuesta; Suárez León 1997 y 2001; Viereck Salinas; Lomas; Solares-Larrave; Costa; entre otros; y, como excepción, Gutiérrez), factor que contribuyó a nublar la comprensión transamericana del fenómeno, es decir, su participación activa en la constitución de redes intelectuales o, en términos más amplios, en los procesos que Rama (1983 y 1985) y Zanetti han caracterizado mediante la categoría de "religación". Por otra parte, la preeminencia de análisis temáticos (en términos de "tópicos" o "motivos") o lingüísticos (en el catálogo de equivalencias y desvíos de la traducción respecto al original) limita el potencial descriptivo y heurístico de buena parte de estas lecturas. Porque, por un lado, como resultado de estos recortes, los avances en el examen de las relaciones entre el Modernismo y las poéticas ajenas a la tradición hispanoamericana resultan escasos. De la misma manera, y también en el área de los estudios de traducción, poco se sabe sobre los lazos entre poesía, música y pintura, un clisé invocado una y otra vez en la lírica del movimiento; es decir, el análisis de las tensiones entre sistemas semióticos en el verso modernista se mantiene todavía en un estado incipiente.

La "escena de traducción" como unidad de análisis

En su *Libro de los pasajes*, Walter Benjamin llama "constelación" a una configuración de hechos históricos que convergen en un momento de súbita iluminación, donde un acontecimiento o huella irradia conexiones hacia otras y vuelve perceptibles los ecos y contrastes en un campo histórico complejo. En la estela de ese proyecto crítico, el "armado de constelaciones" recobra su valor como principio metodológico para el abordaje del problema de la traducción tanto en la cultura latinoamericana en general como en la escritura modernista en particular. En este sentido, un modelo amparado en la constelación o el montaje crítico lleva a Nora Catelli y Marietta Gargatagli a concebir una historia de la traducción en Hispanoamérica desde el concepto de "escena de traducción", que se define como "el lugar imaginario donde se enjuicia la existencia de los otros, se dirime esa existencia y la nuestra a través de la apropiación o el rechazo de una lengua, un mundo o un orden simbólico ajenos" (14). El término –empleado en forma polivalente pues se trata de enlazar fenómenos distantes en el arco temporal que va de la conquista de América a las vanguardias históricas– busca subrayar el carácter político de toda traducción, su función de mito o fábula originaria con la que una cultura explica sus orígenes y los de su lengua, la construcción de una nación o la conquista de un territorio. La escena como encuentro intertextual supone entonces una relación siempre asimétrica y violenta, donde por lo general "la lengua reputada como inferior traduce a una superior", "superioridad *histórica*" desde la que "los modernos han deducido la superioridad *mítica* del original" (Catelli y Gargatagli, 15). Pero, además, la escena como constructo teórico apuesta a recuperar la "circunstancia" de la traducción, a deducir de un conjunto acotado de textos "la teoría que cada época de la historia de la cultura sostuvo acerca del oficio y el modo de traducir" (Catelli y Gargatagli, 14). En términos metodológicos, la organización de la escena en tanto fragmento o totalidad parcial es la base que funda el sistema de extensiones hacia nuevas totalidades parciales (el grupo de obras de un mismo autor, el grupo de sus contemporáneos, la atmósfera cultural y política, etcétera). El fragmento concebido en estos términos reasume el "criterio cronológico" –la posibilidad de agrupar las escenas en "series"– solo para pensar a contrapelo del discurso de la Historia, de lo que ella ha encubierto, pues "las estrategias de construcción de la Historia [se revelan] como artificios, como procedimientos que un día podemos dejar de utilizar" (Catelli y Gargatagli, 19).

Este modelo se profundiza en aproximaciones recientes, enfocadas en la literatura moderna, que también consideran la "escena" como unidad de análisis. En busca de restricciones metodológicas que hagan de la "literatura mundial" una perspectiva de conocimiento válida, Judith Schlanger propone establecer una aproximación comparatista a partir del cotejo ya no de textos, obras, autores o géneros sino de "escenas literarias locales" que vienen definidas a partir de condiciones históricas, políticas, sociológicas e ideológicas de enunciación. Son entonces las "situaciones de habla" las que permiten analizar escenas literarias específicas que "se prestan entonces al reagrupamiento tipológico y al análisis descriptivo comparado" (93). El énfasis de esta posición se ubica en los marcos locales (nacionales, comunitarios, culturales, simbólicos) que –si bien siempre se encuentran atravesados por normas y modelos trans-nacionales– son "los que mantienen a la creación literaria como una entidad plural, singular" y hacen de las escenas literarias objetos "pasibles de circulación, reagrupamiento y comparación" (Schlanger, 94). Por otra parte y con antecedentes que se remontan al método de Erich Auerbach en *Mímesis*, Jacques Rancière acude al concepto de "escena" como unidad de configuración histórica para analizar el "tejido de experiencia sensible" que constituye al arte moderno como tal, tanto desde el punto de vista de la producción-recepción como de la teoría estética que lo sustenta. En su desarrollo, las escenas "no sólo proceden del arte de escribir sino también de las artes plásticas, las artes de la representación o las de la reproducción mecánica, y nos muestran menos las transformaciones internas de tal o cual arte que la manera como tal o cual emergencia artística obliga a modificar los paradigmas del arte" (11). Cada escena así constituida presenta "un acontecimiento singular y explora, en torno de un texto emblemático, la red interpretativa que le da su significación", es decir, configura una suerte de "máquina óptica" que "muestra al pensamiento ocupado en tejer los lazos que unen percepciones, afectos, nombres e ideas, y en constituir la comunidad sensible que esos lazos tejen y la comunidad intelectual que hace pensable el tejido" (11). En la línea de Rancière y como parte de su programa para una archifilología latinoamericana, Raúl Antelo propone "tomar la lectura no como algo natural o dado sino como un artificio o una escena que dispone los elementos sobre nuestra mesa de montaje" y define a la "escena" como un "sistema de conexiones articuladas que con ella surgen y con ella se extinguen, [...] una forma de nombrar al archivo en detrimento de la biblioteca y su rígido sistema jerárquico" (114). El modelo escenográfico anteliano recurre a la "mesa de montaje" como método que organiza un relato siempre dislocado de los textos maestros de la modernidad, cruzado en tiempos y espacios heterogéneos bajo la asunción de que el tiempo del anacronismo es el que "pone en hora" a la literatura, un tiempo que permite ingresar a la dimensión temporal pero lejos ya de la continuidad cosificada del tiempo homogéneo. En todo caso, la connotación más evidente que se desliza hacia la categoría de "escena de traducción" es su carácter teatral: se dramatiza algo para alguien, para un público, para lograr ciertos efectos. De modo que la escena conecta un texto con su entorno, con otros textos pero también con las instituciones que la enmarcan y la vuelven inteligible y eficaz.

Contra la importación cultural en el Modernismo

Estas condiciones teóricas y críticas impulsan una hipótesis de largo aliento sobre la asimilación y la traducción de poesía en el Modernismo latinoamericano, que se desdobla en dos premisas iniciales o básicas interconectadas. La primera de ellas sostiene que la traducción funciona, en el contexto del fin de siglo, a manera de palanca del proceso de autonomización artística. El recurso insistente del Modernismo a la lectura de las estéticas más modernas de su tiempo operaría como catalizador en la separación paulatina pero nunca total de la literatura respecto de los imperativos de la religión y la política local, aunque ello no impide que este nuevo arte y estas nuevas figuras de artista conciban formas de comunidad desde las que buscarán incidir en la vida pública. Para decirlo con Julio Ramos, ante el fenómeno de la "fragmentación de la República de las Letras" (50–81) y la subsecuente crisis de la figura del letrado tradicional (Rama, 1984 y 1985; Zanetti; Montaldo, 1994; entre otros), la traducción se vuelve una práctica estratégica, de legitimación para una nueva autoridad literaria emergente. Esta nueva autoridad –discordante de la de los patriotas independentistas o pos-independentistas que se entregaron a la labor de fundar desde la letra las naciones americanas– encarna la traducción de poesía como un proyecto político cuyo relevamiento permite enfrentar la lectura habitual de los poetas modernistas como "importadores culturales", es decir, como meros aduaneros que traen las novedades culturales prestigiosas de París a los bordes de la modernidad, a un espacio periférico, heterogéneo, desencontrado, disonante o discrónico (ver Willson y Pagni, entre otros análisis en esta línea). Desde esta perspectiva, el modelo del *importador* –que supone el traslado de un capital simbólico pleno a las naciones americanas emergentes, pobres de fundamentos y garantías– debería abandonarse en beneficio de un modelo del traductor como *portador*, una figura de fines del siglo XIX mucho más crítica del eurocentrismo y de los nacionalismos que lo que la bibliografía tradicional está dispuesta a admitir.

La lectura de Mariano Siskind conduce a la segunda premisa, que está enfocada en describir los alcances de esta práctica estratégica. Dicha premisa propone que la preeminencia en el Modernismo de una concepción de la traducción como apropiación creativa, recuperable tanto de los textos en prosa que se leen como programas del traductor como de los fundamentos de su ejercicio, actúa de manera polémica frente a una doble encrucijada ideológica del fin de siglo latinoamericano. Para Siskind, en este período, "las maniobras y discursos cosmopolitas fueron intentos estratégicos, autoconscientes y calculados de participar, contestar, sobreescribir y redireccionar la hegemonía global de la cultura moderna en oposición deliberada hacia formas locales basadas en las categorías de raza, nación e hispanofilia" (21; traducción propia). Por un lado, entonces, hacia condiciones "locales", esta concepción modernista interfiere el imperativo de la traducción como mímesis degradada de la fuente, imperativo básico del modelo del traductor que manejaron los intelectuales del siglo XIX todavía comprometidos con la consolidación de los Estados nacionales americanos. Para los modernistas, este modelo implica una automarginación de la modernidad que no están dispuestos a aceptar. Por otro, hacia condiciones "globales", esa concepción enfrenta el eurocentrismo de la modernidad, desde donde se formularon dicotomías jerárquicas como las de "original" y "copia", "civilización" y "barbarie", "metrópolis" y "margen". El Modernismo, con un paradigma de la traducción que es afín al saqueo irreverente de legados culturales, se propone cuestionar y redefinir la relación jerárquica entre modernización "central" y modernización "periférica". La aspiración a una modernidad de segundo grado se desplaza hacia el proyecto de una simetría, donde ya no hay deuda simbólica que saldar ni "pozo seco" que cubrir.

Establecidas estas condiciones, un programa de trabajo a largo plazo sobre el problema de la traducción en el Modernismo exige algunos postulados metodológicos que permitan una descripción más precisa de la tarea del poeta-traductor en el fin de siglo. De este modo, cabría preguntarse: ¿qué es lo que un poema modernista podría traducir? En principio, la especificidad de las operaciones de traducción en el Modernismo se perciben en el cruce entre tres caminos: el interlingüístico, el interestético y el intersemiótico. Por un lado, un poema modernista puede traducir otro poema. Es el nivel más evidente y, sin embargo, presenta *a priori* un aspecto revelador porque todos los grandes modernistas dedicaron intensos esfuerzos a la traducción, hecho que habla a las claras de un sentimiento compartido sobre la relevancia de esta práctica para el movimiento, como si funcionara a modo de un "pasaporte literario" o de una garantía para el propio acto de escribir literatura. Este primer nivel conforma una *interlingüística*, es decir, desenvuelve una relación "uno a uno" entre poema fuente y poema traducido. Pero también queda lugar para suponer que, cuando un poema modernista no está traduciendo un poema puntual, sí podría estar apropiándose de los postulados o de los principios de composición de otros movimientos, como el Simbolismo, el Decadentismo o el Parnasianismo. Aquí la traducción se mueve en las coordenadas de una *interestética*. Finalmente, el tercer eslabón de este programa piensa la traducción como un fenómeno de cruce o interfaz de artes diversas y con esto el movimiento es hacia una *intersemiótica*. Concentrados en la música y en la pintura, los interrogantes de este tercer nivel serían: ¿puede un poema modernista representar una sinfonía? Y también, al mismo tiempo: ¿puede evocar un cuadro? ¿Por qué o para qué el Modernismo decide meterse insistentemente en la tradición moderna de la écfrasis y relacionar además la poesía con el ideal musical del buen sonido o la eufonía?

Un fragmento en la constelación: Julio Herrera y Reissig y su traducción "perfecta"

Samain diría el aire es quieto y de una contenida tristeza.
 Vallejo dice hoy la Muerte está soldando cada lindero a cada hebra de cabello perdido, desde la cubeta de un frontal, donde hay algas, toronjiles que cantan divinos almácigos en guardia, y versos antisépticos sin dueño. (Vallejo, *Trilce*, LV, 197)

Desde estos interrogantes cabe reflexionar sobre una escena de traducción que tiene como protagonista a Julio Herrera y Reissig (1875–1910), el fundamental modernista uruguayo. A principios de 1903, en una revista montevideana llamada *Almanaque Artístico del Siglo XX*, Herrera y Reissig publica una versión de un poema de Albert Samain, la más relevante de sus traducciones si se atiende a los paratextos que la completan. El poema, traducido bajo el título de "El sueño de Canope", va acompañado con la leyenda "Traducción Perfecta" –a continuación del encabezado– e incorpora una extensa nota al pie de la página que es uno de los manifiestos más explícitos y contundentes sobre las implicancias de esta práctica en el Modernismo. Esa nota, que apenas ha recibido la atención de la crítica, interpela al público en el habitual tono socarrón de Herrera y Reissig:

> Note el lector la elasticidad harmónica que doy a las palabras. Una de las conquistas modernas de la literatura quintaesente ha sido la de convertir la vieja plancha broncina, el pedrusco de la catapulta épica, que tanto gusta a los españoles y a los grafómanos del Continente, en terciopelos del pentágrama, en deslizamientos de hora crepuscular, que traducen la morbidez y el abandono anímico del poeta en las situaciones de sueño, de vacío inconsolable, de compenetración sobrehumana con la Naturaleza, de anonadamiento en las nostalgias brumosas de una vida anterior o ultraterrestre... La dulzura d'Annuncista, nacida en las fuentes soñadoras del París poético, sugiere, encanta, convierte la palabra en un murmurio, en un eco de crujía, en un pisar galante sobre pieles

embrujadas, en el palacio de Monsieur Satán: en un suspiro sacrificado sobre un abanico. Y no es esto solo, sino la interpretación orquestal de todas las insinuaciones y correspondencias en la soledad, cabe el tilo de los sueños, en la playa sonora, junto a la ermita de la montaña. La diéresis silenciada es, pues, el sereno encanto, el alma de moaré de la música del verso. El gran Samain, así lo comprendió, y todas sus poesías nos muestran ese alargamiento aristocrático de la palabra, que como una liga voluptuosa rodea suavemente la pierna augusta, de arco rítmico, de Sapho, la eterna Sapho, el Mito de la Poesía, la diosa de los sueños, la virgen y la hetaira, mi madre, mi amante, mi hermana, todo a la vez, la mentira hecha Hada, como dice Tennyson, el espectro de la realidad como la pinta Hugo. (402)

La primera clave de esta afirmación radica en que la validez de una traducción legítima o "perfecta" no se verifica en una relación de adecuación mimética hacia el original, de representación del contenido o del sentido de ese original. Si hay mímesis, esta se recupera en la instancia musical, como si a la traducción solo le interesara captar un eco del ritmo sonoro del original o volver a ejecutar esa partitura que flota sobre los versos ajenos. El vínculo entre la música –la más autónoma de todas las artes, la menos imitativa– y el lenguaje verbal conduce a Herrera y Reissig a la definición de la "literatura quintaesente", definición que reposa en la célebre distinción mallarmeana entre la palabra "bruta" (la de la comunicación cotidiana, que incinera su propia materialidad en virtud de la transmisión de sentidos) y la palabra "esencial" (la de la literatura, que se vuelve una realidad en sí misma al negarse a su sacrificio en la comunicación). Entendida y practicada en estos términos, la traducción funciona como un catalizador de la literatura genuina, una literatura autónoma, un modo de significar afín a la lógica del sueño, al vacío del sentido, al anonadamiento de la intención y la voluntad. Claro que este avance hacia una posición autonómica no viene exento de esas dos dimensiones políticas que conducían al argumento de la traducción en el Modernismo como una práctica estratégica. Por un lado, es evidente que Herrera arma una "especie de linaje" (Fiorussi, 46), que cuenta a Safo como antecedente primigenio, continúa con el Romanticismo en Hugo, el Posromanticismo en Tennyson y concluye en el Simbolismo de Samain y D'Anunnzio. Pero ese linaje desordena en forma flagrante las coordenadas de espacio y de tiempo, de manera que todos los involucrados se relacionan horizontalmente, esto es, ya no según la sucesión vertical impuesta por los árboles genealógicos. Es tal la crisis genealógica que Safo puede ser *simultáneamente* "madre", "amante" y "hermana". Herrera y Reissig sigue en este punto el paradigma genealógico de los "raros" diseñado por Rubén Darío, que proponía devorar la literatura universal bajo el signo de un erotismo heterodoxo, sin acatar los linajes prestablecidos, las descendencias, el patrón de herencia de legados culturales de padres-fundadores a hijos-epígonos. Como explica Aldo Mazzucchelli, el poeta uruguayo se entrega sistemáticamente al "montaje irónico de la tradición" (247) porque "aborrece cualquier forma de imitación servil de lo europeo" (295). Es fundamental percibir, por otra parte, que esta traducción salvaje de la tradición universal está proyectada en el manifiesto de Herrera y Reissig hacia una ruptura en la tradición de la lírica española y americana, que parece haber quedado atada a la gesta patriótica en el "bronce" y el "pedrusco épico". Del mismo modo que el Modernismo en su conjunto, Herrera y Reissig emplea la traducción para producir un cortocircuito en esa función habitual de la lírica previa que condenaba a los latinoamericanos a un espacio rural y residual de la modernidad. Atender a estas concepciones de la escritura no solo implica asignarle al fenómeno de la traducción un estatus decisivo entre las operaciones del Modernismo, sino también tomar una distancia definitiva respecto de las lecturas que vieron en la fascinación por las literaturas más modernas un rasgo más de la aparente ingenuidad ideológica del movimiento.

Obras citadas

Aguilar, Gonzalo. 2001. "Ángel Rama y Antonio Cândido: salidas del modernismo". En Raúl Antelo, comp. *Antonio Candido y los estudios latinoamericanos*. Pittsburgh: Instituto Internacional de Literatura Iberoamericana. 79–102.

Antelo, Raúl. 2015. *Archifilologías latinoamericanas. Lecturas tras el agotamiento*. Villa María: Eduvim.

Benjamin, Walter. [1982]. *Das Passagen-Werk*. Frankfurt am Main: Suhrkamp Verlag.

Casanova, Pascale. 1999. *La République mondiale des Lettres*. Paris: Seuil.

Catelli, Nora y Marietta Gargatagli. 1998. *El tabaco que fumaba Plinio. Escenas de la traducción en España y América: relatos, leyes y reflexiones sobre los otros*. Barcelona: Ediciones del Serbal.

Cervantes Saavedra, Miguel de. 1944. *Don Quijote de la Mancha*. Barcelona: Juventud.

Colombi, Beatriz. 2004. *Viaje intelectual. Migraciones y desplazamientos en América Latina (1880-1915)*. Rosario: Beatriz Viterbo.

Costa, Analía. 2011. "Tradición y traducción en el modernismo hispanoamericano", *1611. Revista de historia de la traducción* (5): <http://www.traduccionliteraria.org/1611/art/costa.htm>.

Cuesta, Leonel-Antonio de la. 1996. *Martí, traductor*. Salamanca: Universidad Pontificia de Salamanca.

Fiorussi, André. 2019. "La diéresis silenciada de Julio Herrera y Reissig", *Rhythmica* (17): 35-53.

Gramuglio, María Teresa. 2006. "Tres problemas para el comparatismo", *Orbis Tertius* (11, 12): <http://www.fuentesmemoria.fahce.unlp.edu.ar/art_revistas/pr.202/pr.202.pdf>.

———. 2011. "Literatura comparada y literaturas latinoamericanas. Un proyecto incompleto". En Adriana Crolla, comp. *Lindes actuales de la literatura comparada*. Santa Fe: Universidad Nacional del Litoral. 42-51.

Gutiérrez, José Ismael. 1992. "Traducción y renovación literaria en el modernismo hispanoamericano", *Livius* (1): 69-83.

Gutiérrez Girardot, Rafael. 1983. *Modernismo*. Barcelona: Montesinos.

Herrera y Reissig, Julio. 1998. *Poesía completa y prosas*. Madrid, París, México, Buenos Aires, Sao Paulo, Lima, Guatemala, San José, Santiago de Chile: Fondo de Cultura Económica, ALLCA XX.

Jitrik, Noé. 1978. *Las contradicciones del modernismo*. México: El Colegio de México.

Kirkpatrick, Gwen. 1989. *The Dissonant Legacy of Modernism: Lugones, Herrera y Reissig and the Voices of Modern Latin American Poetry*. Berkeley: University of California Press.

Kristal, Efraín. 2006. "'Considerando en frío...'. Una respuesta a Franco Moretti". En Ignacio Sánchez-Prado, ed. *América Latina en la "literatura mundial"*. Pittsburgh: Instituto Internacional de Literatura Iberoamericana. 101-116.

Lomas, Laura. 2008. *Translating Empire. José Martí, Migrant Latino Subjects, and American Modernities*. Durham-London: Duke University Press.

Mazzucchelli, Aldo. 2010. *La mejor de las fieras humanas. Vida de Julio Herrera y Reissig*. Montevideo: Taurus.

Molloy, Sylvia. 1992. "Too Wilde for Comfort: Desire and Ideology in Fin-de-Siècle Spanish America", *Social Text* (31, 32): 187-201.

———. 1994. "La política de la pose". En Josefina Ludmer, comp. *Las culturas de fin de siglo en América Latina*. Rosario: Beatriz Viterbo. 128-138.

Montaldo, Graciela. 1994. *La sensibilidad amenazada. Fin de siglo y modernismo*. Rosario: Beatriz Viterbo.

———. 2006. "La expulsión de la república, la deserción del mundo". En Ignacio Sánchez-Prado, ed. *América Latina en la "literatura mundial"*. Pittsburgh: Instituto Internacional de Literatura Iberoamericana. 255-270.

Moretti, Franco. 2000. "Conjectures on World Literature", *New Left Review* (1): 54–68.

———. 2003. "More Conjectures on World Literature", *New Left Review* (20): 73–81.

Moro, Diana. 2015. "La figura revolucionaria de Rubén Darío: un acto performativo de *Casa de las Américas*", *Anclajes* (XIX, 1): 40–52.

Ortega, Julio. 2003a. "Post-teoría y estudios trasatlánticos", *Iberoamericana. América Latina, España, Portugal* (III, 9): 109–117.

———. 2003b. "Rubén Darío y la mirada mutua". En *Rubén Darío*. Barcelona: Omega. 7–172.

———. 2010. *El sujeto dialógico. Negociaciones de la modernidad conflictiva*. México: Fondo de Cultura Económica, Instituto Tecnológico y de Estudios Superiores de Monterrey.

Pacheco, José Emilio. 1970. "Introducción". En *Antología del modernismo (1884–1921). Tomo primero*. México: UNAM. XI-LI.

Pagni, Andrea. 2014. "Estrategias de importación cultural en revistas del modernismo rioplatense: la *Revista de América* (Buenos Aires, 1894) y la *Revista Nacional de Literatura y Ciencias Sociales* (Montevideo, 1895–1897)". En Hanno Ehrlicher y Nanette Rißler-Pipka, eds. *Almacenes de un tiempo en fuga. Revistas culturales en la modernidad hispánica*. Aachen: Shaker. 319–337.

Paz, Octavio. 1965. "El caracol y la sirena". En *Cuadrivio*. México: Joaquín Mortiz. 11–65.

———. 1974. "Traducción y metáfora". En *Los hijos del limo. Del romanticismo a la vanguardia*. Barcelona: Seix Barral. 115–143.

Pineda Franco, Adela. 2000. "Los aportes de Ángel Rama a los estudios del modernismo hispanoamericano", *Revista de Crítica Literaria Latinoamericana* (51): 53–66.

———. 2009. "Entre la ciudad real y la ciudad letrada: Rubén Darío y el modernismo en la visión culturalista de Ángel Rama", *Cuadernos del CILHA* (10, 1): 119–127.

Pizarro, Ana. 1982. "Sobre las direcciones del comparatismo en América Latina", *Casa de las Américas* (XXIII, 135): 40–49.

———. 1986. "El discurso literario y la noción de América Latina". En AA. VV. *Primer Seminario Latino-Americano de Literatura Comparada*. Porto Alegre: Universidade Federal do Rio Grande do Sul. 7–14.

———. 1988. "Historiografía y literatura: el desafío de la otra coherencia". En AA. VV. *Anais I Seminario de Literatura Comparada*. Porto Alegre: Universidade Federal do Rio Grande do Sul. 275–278.

Poblete, Juan. 2002. "Trayectoria crítica de Ángel Rama: la dialéctica de la producción cultural entre autores y públicos". En Daniel Mato, coord. *Estudios y otras prácticas intelectuales latinoamericanas en cultura y poder*. Caracas: CLACSO. 235–246.

Rama, Ángel. 1983. "La modernización literaria latinoamericana (1870-1910)", *Hispamérica* (36): 3–19.

———. 1984. *La ciudad letrada*. Montevideo: Fundación Ángel Rama.
———. 1985. *Las máscaras democráticas del modernismo*. Montevideo: Fundación Ángel Rama.
Ramos, Julio. 1989. *Desencuentros de la modernidad en América Latina*. México: Fondo de Cultura Económica.
Rancière, Jacques. 2013. *Aisthesis. Escenas del régimen estético del arte*. Buenos Aires: Manantial.
Schlanger, Judith. 2005. "Les scènes littéraires". En Christophe Pradeau and Tiphaine Samoyault, dirs. *Où est la littérature mondiale?* Saint-Denis: Presses Universitaires de Vincennes. 85–99.
Siskind, Mariano. 2014. *Cosmopolitan Desires. Global Modernity and World Literature in Latin America*. Evanston: Northwestern University Press.
Solares-Larrave, Francisco. 2009. "La originalidad de las influencias en Rubén Darío", *Cuadernos del CILHA* (10, 11): 138–148.
Suárez León, Carmen. 1997. *José Martí y Victor Hugo en el fiel de las modernidades*. La Habana: Centro de Investigación y Desarrollo de la Cultura Cubana Juan Marinello, Editorial José Martí.
———. 2001. *La sangre y el mármol. Martí, el Parnaso, Baudelaire*. La Habana: Centro de Estudios Martianos.
Vallejo, César. 1968. *Obra poética completa*. Lima: Francisco Moncloa.
Viereck Salinas, Roberto. 2000. "Rubén Darío y la traducción en *Prosas profanas*", *Anales de Literatura Hispanoamericana* (29): 221–235.
Willson, Patricia. 2007. "Traductores en el siglo", *Punto de Vista* (87): 19–25.
Zanetti, Susana. 1994. "Modernidad y religación: una perspectiva continental (1880–1916)". En Ana Pizarro, org. *América Latina: palavra, literatura e cultura*. São Paulo-Campinas: Memorial-Unicamp, vol. 2. 489–534.

El viaje como acto de traducción
Las memorias cubanas de Alma Guillermoprieto y Margaret Randall

Liliana Chávez Díaz
Universidad Autónoma Metropolitana,
Unidad Azcapotzalco[1]

EN LOS SESENTA, el viaje por el sur del continente americano ya no era una excentricidad tan grande como en la década anterior sino una experiencia a la que aspiraban los jóvenes latinoamericanos universitarios, sobre todo de clase media, influidos por la ideología de izquierda. Como Ernesto "Che" Guevara lo había hecho antes que ellos y motivados quizá por sus hazañas viajeras y revolucionarias, estos jóvenes en proceso de formación soñaban con conocer de cerca su continente, "a través de una experiencia

---

1. Liliana Chávez Díaz es doctora en literatura hispánica por la University of Cambridge e investiga sobre literatura y periodismo en América Latina, crónica contemporánea y escritura de mujeres. En México es miembro del Sistema Nacional de Investigadores y profesora asociada al Departamento de Sociología de la Universidad Autónoma Metropolitana, Unidad Azcapotzalco. En esta institución realizó también una estancia de investigación posdoctoral Conacyt con un proyecto sobre autorrepresentación y escritura de viajes de autoras latinoamericanas contemporáneas, adscrita al programa de Maestría en Literatura Mexicana Contemporánea. Ha sido académica invitada del Ibero-Amerikanisches Institut en Berlín, la Fundación Tomás Eloy Martínez en Buenos Aires y el Institute of Latin American Studies de Columbia University en New York. Próximamente publicará el libro producto de su investigación doctoral titulado *Latin American Documentary Narratives: The Intersections of Storytelling and Journalism in Contemporary Literature*.

directa, física" (Sarlo, 2014, 32). El viaje latinoamericano era un viaje otro: había dejado de soñarse con destinos europeos; los viajeros ya no pertenecían exclusivamente a la clase alta, pero también se negaban a hacer el viaje masivo que ya iniciaba una forma distinta de viajar para la burguesía de la época. Distinto también al desplazamiento migratorio de las familias de obreros o indígenas de pequeñas comunidades rurales a las grandes urbes, otro viaje común en la época, el viaje intelectual latinoamericano surge como una alternativa intermedia. Conocerse a sí mismo implicaba también conocer al otro con el que se compartía un territorio aún por explorar.

Este artículo se enfoca en dos autoras bilingües, Alma Guillermoprieto y Margaret Randall, integrantes de una generación de mujeres intelectuales que en las primeras décadas del siglo XXI han decidido publicar a través del género de las memorias su testimonio sobre las revoluciones sociales de las últimas décadas del siglo XX en América Latina. Esta tendencia también incluye a autoras como la argentina Beatriz Sarlo con sus *Viajes. De la Amazonia a las Malvinas* (2014), la nicaragüense Gioconda Belli con *El país bajo mi piel* (2001) y la chilena Cynthia Rimsky con *La revolución a dedo* (2020). En todas estas obras, escritas en primera persona, se configura una narradora autorreflexiva que alterna sus memorias de juventud con el presente en el que recuerda su pasado rebelde y escribe. Las autoras representan el pasado, por lo tanto, a través de actos (literarios) de memoria que pueden ser analizados como formas de responder a tiempos de crisis individuales y colectivas.

Otro elemento en común de estas memorias es que giran en torno a desplazamientos del cuerpo, a viajes iniciáticos que sin duda influyeron en la construcción de las subjetividades femeninas y/o feministas de las autoras. Si bien los viajes de estas autoras podrían considerarse una continuación simbólica, aunque involuntaria, de los viajes de Guevara (entonces no se conocía su propio relato de viajes), sus procesos de cambio de conciencia operan a la inversa que en el caso de Guevara: si bien ellas inician su viaje con la intención de poner en práctica una ideología socialista, en el camino se percatan de la imposibilidad de hacerlo. Por ejemplo, Sarlo ensaya en sus memorias una conciencia más crítica respecto a las condiciones sociales del continente y las posibilidades reales de un grupo de jóvenes universitarios ingenuos para cambiarlas. Esta visión más bien desencantada del futuro sucede *a posteriori*, reforzada por el lapso de tiempo que pasa entre la experiencia vivida y el relato en el que se recuerda.

En este tipo de memorias se puede rastrear el carácter ideológico de la literatura como práctica inscrita en la vida social (Beverley y Zimmerman). Por otra parte, si Sarlo puede escribir, desde la mujer que es a los 70 años de edad, que sus viajes de veinteañera fueron "viajes ideológicos" es porque ya ha tomado distancia de dicha ideología. La autora que recuerda y escribe en 2014 ha sufrido una dislocación: se ha desplazado de la posición de la joven que viajaba por el continente buscando ser simplemente testigo de "la realidad" de los pueblos latinoamericanos hasta tomar la postura profesional de la científica social y de la crítica cultural que observa, registra e interpreta en función de una comunidad intelectual específica. Algo similar le sucede a Guillermoprieto y a Randall, quienes también escriben sobre su juventud en los sesenta. No parece casual que a inicios del siglo XXI varias mujeres letradas se sienten a recordar y escribir la historia de sus viajes iniciáticos por el continente americano y, con ello, cuenten también el despertar de su conciencia social, política y feminista.

¿Para qué, cómo y desde dónde se recuerda? Este artículo propone una aproximación al estudio de la literatura de viajes escrita por mujeres como un doble acto de traducción: en el sentido lingüístico-cultural, pero también en cuanto a la perspectiva de género. Esto a través del análisis de narrativas híbridas –a medio camino entre las memorias, el testimonio, el ensayo y la crónica– publicadas en español y en inglés en la primera década del siglo XXI desde Estados Unidos. Las obras estudiadas abordan recuentos de viajes realizados en la juventud por mujeres bilingües, cuya identidad multicultural y nómade se configura de manera especial durante las décadas de las revoluciones socialistas en América Latina. Particularmente, se estudian dos obras que han sido catalogados como "memorias" por el mercado editorial y que hacen un recuento en primera persona de viajes iniciáticos o de aprendizaje: *La Habana en un espejo* (2005),[2] de la periodista Alma Guillermoprieto (Ciudad de México, 1949) y *To Change the World: My Years in Cuba* (2009),[3] de la también periodista y poeta Margaret Randall (New York, 1936). Aunque no hay información en sus memorias que relate un encuentro, ambas autoras realizaron viajes iniciáticos a la Cuba posrevolucionaria en la misma época,

---

2. La versión en inglés salió antes que la original en español con el título *Dancing with Cuba*, traducida por Esther Allen (Pantheon Books, New York, 2004).
3. La traducción al español se publicó con el título *Cambiar el mundo. Mis años en Cuba*, en versión de Barbara Maseda (Ediciones Matanzas, Cuba, 2006).

después de haber crecido en Estados Unidos. Guillermoprieto fue contratada por el gobierno cubano para ser profesora de danza moderna, mientras que Randall llegó como refugiada política debido a amenazas recibidas por el gobierno mexicano y eventualmente trabajaría también para el régimen castrista en diversos proyectos culturales y educativos.[4] Después de su estadía en Cuba, ambas autoras se convertirían en corresponsales de prensa para medios anglófonos durante las revoluciones y guerrillas centroamericanas. A través de un estudio comparativo, el artículo busca ofrecer visiones alternativas de la memoria colectiva de autoras que se posicionan en varias fronteras lingüísticas, sociales y culturales. Con ello se profundiza en el conocimiento sobre la experiencia internacionalista de mujeres intelectuales en América Latina y en el debate académico sobre las convenciones y límites entre ciertos géneros literarios y periodísticos.

Se propone entonces una lectura de estas obras como actos de memoria, pero también como crónicas de viajes del periodo que se ha denominado "the long sixties" (Strain), el cual estuvo marcado en América Latina por un contexto ideológico revolucionario y un despertar a nuevas subjetividades femeninas.[5] Además, estas obras forman parte de un nuevo auge de la

---

4. Mientras que para Guillermoprieto el viaje a Cuba entre 1970 y 1971 es el primero importante en su vida, para Randall su estadía en Cuba entre 1969 y 1980 fue una experiencia también iniciática en términos políticos, pero no la primera. Randall había estado viviendo en la Ciudad de México durante la década de los sesenta, donde fundó la revista literaria bilingüe *El Corno Emplumado/The Plumed Horn*, junto con el poeta mexicano Sergio Mondragón, entonces su pareja; es su trabajo en este medio lo que provoca, según ella misma relata en sus memorias, las amenazas que la llevan a salir del país rumbo a Cuba en el contexto de las represiones políticas del Estado mexicano que siguieron a las manifestaciones de 1968. Para entonces ya había realizado visitas cortas a la isla: su primer viaje fue en 1967, invitada por el gobierno cubano en calidad de editora cultural para celebrar el centenario del nacimiento de Rubén Darío y en 1968 participó en un congreso cultural en La Habana.

5. En su libro sobre la historia cultural de los sesenta, Christopher Strain distingue entre el período meramente histórico de la década de 1960 y un tiempo más amplio en el cual la sociedad occidental vivió grandes cambios de valores y paradigmas. Ya que principalmente considera hechos que marcaron la vida estadounidense, para Strain este periodo abarcaría desde el fin de la Segunda Guerra Mundial y los primeros movimientos a favor de los derechos civiles de 1955 hasta el caso Watergate en 1973 (vi-vii).

literatura testimonial latinoamericana y del fenómeno editorial de finales del siglo XX y principios del XXI en torno a las narrativas del yo. Finalmente, el estudio de estas obras también puede contribuir a la historia de la escritura de viajes latinoamericana en el marco del renovado interés de la crítica literaria internacional por este género.[6]

Identidades fronterizas

En la introducción a su colección de ensayos *The Heart that Bleeds: Latin America Now*, Alma Guillermoprieto advierte a sus lectores estadounidenses que no solo sus historias son sobre modernidad y pobreza sino también "stories reported and written from inside a culture, with no effort made to justify to a foreign (that is to say, English-speaking) reader what might appear strange or unappealing. On the other hand, they are also stories written with foreign–English–words, and so, inevitably, with a foreign (that is to say, non-Latin American) state of mind" (1994, xii). A pesar de considerarse una "insider", a lo largo del libro Guillermoprieto se autorrepresenta como una extranjera a donde quiera que va: ya sea en medio de un basurero mexicano o en una fiesta de la alta sociedad colombiana, la autora mexicana criada en Nueva York será constantemente objeto de sospechas debido a su condición de foránea.

En sociedades con larga historia de censuras hacia la prensa como las latinoamericanas nunca se podrá hablar igual con un periodista local que con un corresponsal extranjero; sin embargo, inmersa por largas temporadas en México, Colombia o Argentina, Guillermoprieto mantiene una postura ambigua debido a su propia biculturalidad. Nacida en México y criada en Estados Unidos, Guillermoprieto ha publicado exhaustivamente en inglés y en español sobre temas de actualidad en América Latina para una audiencia mayormente estadounidense desde la década de los setenta del siglo pasado. No es casual, por lo tanto, que un autora con una formación transcultural como Guillermoprieto, al igual que Margaret Randall, apueste a traducir a los lectores estadounidenses las grandes consecuencias económicas y sociales

---

6. Entre los ejemplos más reconocidos se encuentran los trabajos de Mary Louise Pratt, de Edward Said y de Patrick Holland y Graham Huggan. En el campo latinoamericano, sobresalen las aproximaciones de Jorge Carrión, Claire Lindsay y María Angulo Egea.

de las de las variadas intervenciones políticas de Estados Unidos en América Latina. Autoposicionada en una zona de frontera, en el medio, al menos en el sentido teorizado por Gloria Anzaldúa, Guillermoprieto se muestra consciente de su identidad híbrida:

> I write as a Mexican-born-and-bred journalist who learned the trade working for newspapers published in London and the District of Columbia, and as a New Yorker who prefers to live in Latin America. In these stories, I have tried to make my own biculturalism into a bridge for two cultures that are, through modernity, increasingly intertwined, although both sides might vehemently deny that union, and although each still appears to the other to be sometimes exotically, sometimes painfully foreign. (1994, xii-xiii)

Escribir en inglés para una audiencia internacional sin duda influenció el estilo narrativo de Guillermoprieto, pero no tanto su punto de vista. Este artículo busca identificar y comparar dos identidades autorales femeninas bilingües, Guillermoprieto y Randall, de manera que se pueda demostrar cómo su transculturalidad propone puntos de vista alternativos, más sensibles y comprensivos sobre los "otros" latinoamericanos.[7] De acuerdo con Afef Benessaieh, "as a competence, identity, disposition or situational strategy, transculturality is not necessarily valid for everyone, yet it may be a useful term for those individuals who, by virtue of a mixed background or lived experience, participate in a plurality of actively connected cultural flows and worlds, and need a precise term to express their mobility and multifaceted identity" (28). En esa dirección, este artículo argumenta que tanto Guillermoprieto como Randall pueden ser leídas como autoras transculturales, ya que ambas observan la realidad desde una posición liminal, fronteriza, mediando entre los "otros" hispanoahablantes, protagonistas de sus historias, y sus lectores ideales anglosajones. Esta posición fronteriza ofrece una visión transcultural de la modernidad latinoamericana, una que de hecho cuestiona de alguna manera la idea largamente difundida de América Latina como un territorio homogéneo. Al realizar este cuestionamiento mediante géneros narrativos híbridos, como el testimonio, la crónica, el diario de viaje o los

---

7. El concepto de "transculturalidad" fue propuesto inicialmente por Wolfgang Welsch para describir el proceso contemporáneo fluido de construcción cultural en un contexto globalizado (194–213).

diversos modos del periodismo literario, las autoras también participan en debates contemporáneos sobre las fronteras genéricas y disciplinarias para contar historias del "yo".

Viajes ideológicos

Las memorias de viaje femeninas contemporáneas muestran una triple resistencia: a obedecer el rol de género y clase asignado, que a lo largo de la historia de las mujeres ha implicado quedarse en casa; al viaje turístico burgués; y al olvido de la experiencia vivida. Estos viajes son, además, una respuesta femenina a la ideología revolucionaria y libertaria que en la década de 1960 se vivió en la región y en el mundo occidental en general. Quizá porque Guillermoprieto publica sus propias memorias revolucionarias cuando aún se encuentra a mitad de su carrera literaria, no abunda tanto en su obra sobre la relación entre vejez y pérdida de la memoria. Sin embargo, Randall sí explora el tema con mayor profundidad tanto en *To Change the World* como en otras obras memorialísticas que le sucedieron: "To write in one's seventies about events that took place in one's thirties requires understanding that evoking the meaning and feel of those times trumps absolute accuracy of chronology or even names. For me, finally, it was more important to try to capture the essence" (6).[8]

El viaje, al igual que la escritura, puede observarse como práctica ideológica en el sentido que Althusser –siguiendo a Marx– le da al término; es decir, como la relación imaginaria del individuo con las condiciones sociales reales de su vida. En tanto acciones concretas, ambas prácticas permiten a quien las realiza situarse en una determinada posición, desde un tiempo y un espacio definidos. Así, en el ambiente ideológico revolucionario –inaugurado simbólicamente con los viajes latinoamericanos en la década de 1950 de Ernesto "Che" Guevara– se puede rastrear una historia literaria contemporánea que relacione viaje y escritura en y por América Latina como prácticas ideológicas de una élite cultural.

Pese a las buenas intenciones de sus autores, aun en los casos mejor logrados, es evidente que dichas prácticas tuvieron sus limitantes en cuanto a la

---

8. Ver también, de Randall, *Che on My Mind* (2013), *I Never Left Home: Poet, Feminist, Revolutionary* (2020), *My Life in 100 Objects* (2020).

representación de lo "nacional-popular", en términos gramscianos.[9] No obstante, en el caso de las memorias femeninas, es posible cuestionar representaciones más complejas sobre la identidad de género y la identidad nacional que no han formado parte central en las memorias de la época más conocidas escritas por hombres. Sin duda, a las memorias femeninas de la época revolucionaria se les podría hacer una crítica similar a la que recibió, por ejemplo, *La montaña es algo más que la estepa verde* (1982), de Omar Cabezas, o *Adiós muchachos* (1999), de Sergio Ramírez, en términos de la desigual o equivocada representación que tienen las masas o el pueblo en dichos textos (Rodríguez). Sin embargo, mientras que las memorias canónicas sobre el período de los largos sesenta ofrecen una visión centrada en el sujeto revolucionario (masculino, blanco, heterosexual y autoritario), las memorias femeninas –aparecidas décadas después que su contraparte masculina– ofrecen un panorama que dialoga de manera más horizontal con los "otros" y explora con mayor detalle los márgenes de la vida cotidiana en las sociedades revolucionarias. Como lo hace notar Randall al recordar su participación política en aquellos años, "as usual the men in all these movements assumed they were there to strategize and lead. Women were expected to make the coffee, type the manifestos and have sex on demand with their male comrades" (99). Está claro por sus textos que este no fue el rol que jugaron Randall ni Guillermoprieto; no obstante, más allá de algunas apariciones públicas en donde destacaban por ser las únicas mujeres, su papel podría haber pasado casi inadvertido en contraste con los intelectuales masculinos de la época.

Si bien en el momento de la experiencia vivida las autoras pudieron actuar conforme a los clisés del rol femenino en los círculos intelectuales de izquierda –como esposas, madres y/o amantes que pocas veces ocupan lugares de importancia política–, es a través de la escritura que asimilan la experiencia como un momento de toma de conciencia también de género, aunque ninguna se haya asumido como sujeto feminista: "Back in 1970 I didn't understand how much we needed an in depth gender analysis of Cuban society. I

---

9. Para Beverley y Zimmerman, en el caso específico de la literatura centroamericana, este fenómeno obedecería principalmente a dos factores: la escasa o nula alfabetización de grandes capas de la población y la falta de institucionalización de la literatura. En este contexto, si los escritores –por lo general también provenientes de las élites– llegan a representar al pueblo, esto solo puede hacerse de forma heurística.

was impressed with such a mass mobilization of women and didn't know how to ask the hard questions" (Randall, 104).[10] Desde una distancia atravesada por el desencanto ideológico y el natural paso del tiempo, el ejercicio memorialístico les permite reivindicar también a otros sujetos marginales a través de relatos que a veces se entrecruzan con los canónicos, pero que sin duda los interpelan y desestabilizan. Esto es más notable en Randall, quien estando en Cuba empieza a interesarse en traducir del inglés al español textos de crítica feminista, pero también se inicia en el género del testimonio. Con apoyo del gobierno cubano, Randall viajará por todo el país realizando entrevistas a mujeres que se publicarían en su libro *Cuban Women Now* (1974).

Al analizar novelas centroamericanas que abordan temáticas de la vida de las guerrillas y movimientos sociales, escritas en su mayoría por hombres, Ileana Rodríguez argumenta que la posición marginada de las mujeres burguesas que se integran a los movimientos guerrilleros, frente a la de los líderes masculinos, les permite establecer visiones distintas sobre la realidad. Es significativo, por ejemplo, que Randall haya vivido con sus cuatro hijos en Cuba –primero en pareja y posteriormente como mujer divorciada– y que por ende varios episodios de sus memorias giren en torno a la forma de organización de las mujeres en la vida doméstica o los sentimientos respecto a la maternidad. Si bien el tono de Randall a lo largo de su narración es más bien ensayístico, racional y apegado al recuento de los hechos, cuando recuerda los tres meses que pasó separada de sus hijos, ya que llegaron a Cuba antes que ella, las emociones expresadas revelan el trauma de la separación:

> One month passed, and then two. A third began, with an emptiness that numbed me to the core. My longing for the children, uncertainty around when we would be reunited, periodic kidney attacks, and a nicotine withdrawal that still caused my hands to shake and tears to spill from my eyes were the outward signs of inner anguish. (36)

En el caso de las escritoras se puede observar una posición híbrida, ya que pertenecían a lo que Rodríguez define como nuevo sujeto colectivo social y transnacional (71). Desde esta posición, no obstante, la experiencia de las mujeres que escriben sería a veces representativa de la experiencia del pueblo, puesto

---

10. Guillermoprieto publicó en 2020 *¿Será que soy feminista?*, una serie de ensayos donde también refiere que no se consideraba feminista militante y discute, desde una postura que intenta ser balanceada, sobre el feminismo en América Latina.

que comparten con él sus condiciones de vida; pero, a la vez, siempre habría distinciones y privilegios, como tener acceso a una mejor vivienda o comida. Las autoras de memorias fueron testigos y actrices secundarias que solo a través de la escritura reivindican su papel y lo convierten en protagónico.

Tanto Guillermoprieto como Randall se autorrepresentan como mujeres de clase media, con inclinaciones artísticas y de pensamiento liberal. A diferencia de Guillermoprieto, que poco sabía del régimen socialista cubano,[11] Randall llega a la isla ya con una marcada ideología política marxista y feminista, y también con conexiones más cercanas al régimen que le permitirán ocupar un papel mucho más protagónico en la vida pública. No obstante, ambas tendrán evidentemente una posición marginal dentro del campo cultural y social debido a su género.

Sin embargo, para ambas la estadía en Cuba representa un gran cambio respecto a la sociedad estadounidense en la que habían crecido; por lo tanto, sus relatos ofrecen evidencia del contraste entre la identidad de la narradora-protagonista del relato y el encuentro con los otros. Por ejemplo, en diversas ocasiones expresan su malestar por las incomodidades de la situación del viaje y el cambio de estilo de vida que este las obliga a tener. La conflictiva conciencia de representar una identidad burguesa está presente en Alma Guillermoprieto cuando recuerda en La Habana la relación que tenía en Nueva York con Adrián, un poeta polaco con quien compartió una vivienda en decadencia: "A su lado, además, yo resultaba una mimada niña burguesa: por las noches Adrián colocaba un litro de leche y otro de jugo de naranja en la helada repisa de la ventana y con eso desayunábamos, aunque yo hubiera preferido comprar un café caliente en la tienda de la vuelta" (2018, 88).

Los obstáculos de formación e ideología que impiden al inicio comprender de manera más profunda la experiencia cubana solo se recobrarán en su justo valor a través del recuerdo y la escritura. No obstante, estas memorias logran capturar un ambiente de época y coinciden en expresar las liberaciones políticas y sexuales, aunque a través del velo de la idealización. Una muestra de ello es la representación de Fidel Castro en ambas obras. Para Guillermoprieto la conversión ideológica operó a través de los relatos de heroísmo que escuchaba sobre Castro: "No entendí del todo lo que decían mis compañeros acerca de la Revolución y Fidel, pero esos relatos también estaban llenos de emoción

---

11. Guillermoprieto empieza a leer al "Che" recién cuando hace escala en la Ciudad de México, como parte de su preparación para llegar a Cuba.

y romance. [...] la Cuba de Fidel, enfrentándose sola a todo el poderío de nuestro arrogante vecino, encarnaba una causa más que justa" (2018, 31).[12] Mientras que Guillermoprieto solo escuchó una vez a Castro en La Habana, como una asistente más a un evento masivo, Randall y su amiga Susan fueron presentadas formalmente al líder revolucionario por el editor Arnaldo Orfila, durante la clausura de un congreso cultural. Una similar aura romántica permea también este recuerdo:

> In my memory of that evening the two of us literally floated through the crowd, our feet barely touching the polished marble floor as Arnaldo steered us in one direction to another. Soon we were standing before the solid presence of several of the Prime Minister's personal security guards. Fidel was discussing French cheeses with a delegate or journalist from that country; it was clear he was a connoisseur. In the first break in the conversation Arnaldo introduced the two of us. Fidel turned and said: 'Oh, Margaret Randall. I've read your *Corno Emplumado*, a very fine magazine. The issue devoted to Cuban poetry was wonderful.' (30)

Si bien estos viajes iniciáticos estaban influidos por la ideología marxista imperante en los círculos intelectuales de los jóvenes latinoamericanos de las décadas de los sesenta y setenta, para Guillermoprieto el viaje a Cuba será más bien un descubrimiento del socialismo, mientras que para Randall representará la radicalización de su postura política. En este punto, Randall parecería coincidir más con las experiencias viajeras de Sarlo en las que se muestra cómo la ideología no es el punto final del viaje, sino su punto de partida: "Empiristas ingenuos, pensábamos que ver era conocer. Aunque parezca una caricatura, no había mediaciones entre una teoría general del imperialismo y de las clases dominantes y las particularidades concretas en medio de las que avanzábamos como turistas ideológicamente automáticos: cuánta más pobreza encontrábamos, más cerca nos creíamos de la clave que perseguíamos en el viaje" (Sarlo, 2014, 99). Esta inconformidad social y el pensamiento utópico, esperanzado en que un mundo distinto era posible, estaba sin duda en el ambiente de la generación. Guillermoprieto recuerda:

---

12. De manera similar, en sus memorias sobre la Revolución sandinista, *El país bajo mi piel*, la nicaragüense Gioconda Belli describe a Fidel Castro desde una concepción idílica de la Revolución cubana.

> En lo particular yo no quería ser como el Che, porque en momentos de avergonzante sinceridad reconocía que había algo en lo intransigente y duro de su carácter que me repugnaba. [...] Pienso que para mi generación esa combinación de obediencia ciega y rebeldía total encarnaba nuestro dilema y le daba sentido y dirección. Llegábamos a la edad adulta justo en el momento que, píldora anticonceptiva y fantasma atómico de por medio, el siglo XX rompía sus lazos con el pasado. Otros jóvenes de mi generación se entregaron al caos gozoso que ofrecían los tiempos –sexo, drogas y rocanrol–. Nosotros tuvimos miedo al vacío, y quisimos imponer el orden de la Revolución, entregados al alivio de sus verdades absolutas. (2018, 205)

Por su parte, Randall coincide con esta esperanza en la posibilidad de contribuir a un mundo mejor:

> Writing today, almost forty years later, there is always the risk of imprinting current analysis on the ways in which we saw things then. I want to resist this as much as possible. It is important to remember that we were part of something collective and all-embracing, something huge. We followed our leaders but also contributed to the values, thought processes, and choices that shaped their decisions. We were motivated by the sense that we were making revolution; changing our world for the better. (49)

Ambas autoras pasaron los años formativos de su juventud en el New York de los sesenta. Randall nació en esta ciudad, proveniente de una familia de judíos de clase media alta; su padre era profesor de música y su madre traductora de español-inglés. Aunque vivió su infancia en Nuevo México, regresó hacia finales de los cincuenta buscando ser escritora:

> New York in the late 1950s and early 1960s was a magnet for creativity. The Abstract Expressionist painters and a few writers had the Artist Club, where occasional wild parties spiced up a weekly menu of talks and debates. Painters Willem and Elaine de Kooning, Milton Resnick, and Pat Passlof; critics Harold Rosenberg, Tom Hess, Dore Ashton and Meyer Shapiro; musician John Cage; dancer Erick Hawkins; and theater people Judith Malina and Julian Beck were regulars. Poets –Beats from the San Francisco renaissance, others of the Black Mountain and Deep Image schools– read at the Greenwich Village cafes. Thelonious

Monk never removed his hat as he pounded his jazz piano, and Ornette Coleman blew his white plastic sax at the Five Spot. The atmosphere was electric, the community welcoming, and the priorities suited me [...] In New York, although I knew some deeply political people, among the artists we were mostly nonconformists, primarily concerned with social hypocrisy, residual McCarthy era threats to freedom of expression and anything smacking of control. (10)

Este ambiente artístico, metropolitano y cosmopolita es muy similar al descrito por Guillermoprieto al referirse también a su adolescencia neoyorquina:

La ciudad nos ofrecía mucho más que danza: veíamos cine japonés e italiano en el Thalia, y cine alternativo a la medianoche, en el Waverly o en el Bleecker Street Cinema. Aprendimos que si llegábamos al State Theater de Nueva York después del primer intermedio, los acomodadores nos dejaban entrar gratis al resto de la presentación del New York City Ballet, y así pudimos conocer una buena parte del repertorio de George Balanchine. En el teatro Apollo veíamos a Wilson Pickett y a James Brown y en el Fillmore East a Jefferson Airplane y a Janis Joplin. Teníamos un amigo acomodador que nos ayudaba a colocarnos a Carnegie Hall, y sabíamos hacer las deliciosas colas con picnic en Central Park para el hoy famoso festival de Shakespeare en el parque, que por ese entonces apenas comenzaba. (17)

Al igual que en el caso de sus respectivas estadías en Cuba, tampoco existe registro de que las autoras se hayan cruzado en algún evento de la escena contracultural del momento, pero sus textos indican que se movían en círculos artísticos y sociales no muy alejados. Sin duda este contexto de libertad y creatividad favoreció su apertura a la ideología socialista cubana, pero mientras vivían en New York ni Randall ni Guillermoprieto tenían una postura política definida; tampoco se consideraban feministas. Son los viajes latinoamericanos, y en especial su experiencia cubana, lo que detonaría la configuración de los sujetos nómades (Braidotti) en que eventualmente ambas se convertirían. Por lo tanto, sus memorias pueden leerse como un relato de identidad en formación, a la manera de una *coming-of-age novel* o *bildungsroman*. Otra coincidencia en cuanto a los procesos identitarios vividos por estas autoras es que después de su tiempo en Cuba ambas viajan a Nicaragua para apoyar el nuevo proyecto social sandinista. Guillermoprieto dejaría la danza y se convertiría en periodista, mientras que Randall se inclinaría más por la literatura y asumiría eventualmente una identidad lésbica.

Al representar sus experiencias de viaje como parte de su formación ideológica, estas autoras sitúan su testimonio en la intersección de varios campos culturales guiados por los hilos entrelazados de su memoria. Lo que podría observarse como incongruencia en la visión de mundo de un protagonista ficcional, en estas obras solo puede ofrecer ejemplo del inestable papel de un autor, que además es mujer, en un contexto social y político determinado. Si desde una perspectiva histórica la literatura latinoamericana ha oscilado desde la época colonial entre la cultura popular de resistencia y una "alta cultura" oligárquica (Beverley y Zimmerman), en el caso de la escritura de mujeres las dicotomías ya no son tan claras. Habría que replantearse una genealogía de la escritura de viajes latinoamericana que incorporase esta visión intermedia, incómoda, pero necesaria, de la producción cultural contemporánea.

Fragmentos

Una pequeña caja de madera con la palabra "vuelve" y un cuaderno con apuntes de clases y cartas le permiten comprobar a Guillermoprieto, ante un improbable juicio contra su propio recuerdo, que en 1970 vivió durante seis meses en Cuba. "Sólo conservo mis fragmentados recuerdos y unos cuantos recuerdos físicos. Éstos me ayudan a probar, cuando dudo, que realmente hice aquel viaje que trastornó mi vida por completo" (2018, 9). Como en el caso de las fotografías que acompañan al libro de Randall, los objetos conservados por Guillermoprieto también funcionan como dispositivos que motivan el recuerdo y el inicio del relato. No obstante, si bien funcionan como activadores de la memoria, estos objetos tampoco son como la deliciosa magdalena de Marcel Proust; no generan placer, sino que están incompletos y en decadencia (a la cajita le falta una tapa y los nombres de quienes la regalaron; el cuaderno no está lleno del todo, apenas tiene algunas notas); son apenas un "puñado de jirones" (2018, 10).

A los 21 años de edad, Guillermoprieto era una bailarina de origen mexicano que había crecido en Estados Unidos. Si bien se movía en los círculos de la vanguardia artística neoyorkina, sabía que no llegaría a hacer una gran carrera en la danza contemporánea. Entonces acepta una oferta para viajar a La Habana, con breve escala en la Ciudad de México, para ser profesora de danza contemporánea en una escuela pública del gobierno de

Fidel Castro. Treinta y cuatro años después, en el momento en que escribe sus memorias, Guillermoprieto es una reconocida periodista, sobre todo debido a su trabajo como corresponsal de guerra para medios impresos anglosajones como *The Guardian*, el *Washington Post* y el *New Yorker*. A pesar de haber publicado varios libros de crónicas, entrevistas y reportajes sobre América Latina, *La Habana en un espejo* (2005) es el primer libro en el que Guillermoprieto escribe sobre su historia de vida y emplea un narrador autorreferencial en primera persona.[13] Desde este presente es que Guillermoprieto confiesa en sus memorias que siente "bochorno" cuando relee las cartas escritas por "esa joven inepta que alguna vez fui yo" (2018, 9). Como se verá más adelante, al desvincularse de esa otra Guillermoprieto, joven e inepta, la Guillermoprieto que escribe, menos joven y menos inepta, evidencia un rasgo fundamental a tomar en cuenta al analizar la posición del narrador de este tipo de textos: las memorias no solo se conforman por el pasado, sino por el presente en el cual se generan. Randall, por su parte, también inicia sus memorias advirtiendo que, si bien se ha ayudado de los diarios que escribió en la época de su estancia en Cuba, las memorias tienen la intención de mostrar el pasado, pero sin olvidar que escribe desde una perspectiva distinta: "As we get older, memory may contract and expand; but I have learned that this too holds meaning. Here I have wanted to speak about the way things were as well as to reflect upon them from today's perspective" (6).

El género de las memorias, sobre todo las que se centran en momentos históricos o culturales relevantes o de interés público, establece un pacto ambiguo de lectura. Por un lado, se asume que el autor ha sido testigo –protagónico o circunstancial– y, en consecuencia, su palabra vale como prueba de veracidad del relato mismo. Por otro, se sabe que el acto de recordar es en sí mismo inestable; al momento de escribir se pueden recordar con más intensidad algunos eventos u olvidar detalles que podrían modificar la interpretación de la anécdota relatada. En las memorias contemporáneas, la credibilidad sobre el pasado vivido, tal como se le recuerda desde un presente específico, puede ser cuestionada por el mismo autor desde su introducción o

---

13. *La Habana en un espejo* se publicó primero en inglés, en 2004, bajo el título *Dancing with Cuba. A Memoir of the Revolution*. En 2015 se difundió *Los placeres y los días*, una antología de crónicas donde relata también en primera persona anécdotas relacionadas con su experiencia de investigación periodística a lo largo de su carrera.

prólogo. Ya sea porque con el paso del tiempo la memoria puede contraerse o expandirse (Randall) o porque los episodios que en el texto se relatan han sido especialmente traumáticos (Rüsen), las memorias no pueden considerarse un relato fiel del pasado.[14] No obstante, en los casos aquí estudiados el pacto de veracidad pareciera afianzarse en el recurso de la intertextualidad, sobre todo en la incorporación explícita de otros discursos provenientes de fuentes alternas a la memoria autoral, como cartas y diarios, pero también la consulta de otras fuentes de la época o el cotejo del recuerdo con otras personas que compartieron el periodo recordado.

Las memorias literarias no pueden leerse como un libro de historia, pero sí son discursos que contribuyen a la formación de una memoria colectiva, al menos en el sentido otorgado al término por Maurice Halbwachs (25–26), es decir, como la suma de las memorias individuales de un determinado grupo social en un tiempo determinado. Las memorias femeninas de viajes durante la época de las revoluciones socialistas latinoamericanas se sitúan a medio camino entre una "memoria cultural", que objetiviza discursos en torno a eventos históricos de los que se intenta mantener una sola interpretación, y una "memoria comunicativa", que rescata una forma cotidiana de memoria colectiva (Assmann y Czaplicka).

Al desarrollarse en un contexto que evidencia con historias reales los movimientos sociales y la violencia de Estado que ha formado parte de una época determinada en la historia de América Latina, estos textos dialogan con la tradición de narrativa testimonial de la región a la vez que muestran cómo se ha conformado la identidad de una generación entera de políticos, intelectuales, artistas, líderes populares y trabajadores que lucharon por aplicar ideales socialistas a sus países y a otros. Desde su auge en la década de 1980, la literatura testimonial tenía más intenciones éticas que estéticas, ya que su principal objetivo era movilizar al lector hacia la solidaridad y empatía con ciertas causas sociales. Las memorias de estas autoras coinciden en tiempo y espacio con el auge de esta tradición literaria latinoamericana; de hecho, Randall fue una practicante del género sobre todo mientras radicaba en Nicaragua. Sin embargo, en el caso de estas memorias, el mero hecho de relatar su historia de

---

14. Sarlo (2006) argumenta que no es posible utilizar testimonios como evidencia única en los juicios de la verdad. En este sentido, la autora estudia el fenómeno de la sobreabundancia o exceso de testimonios producidos por víctimas de las dictaduras argentinas, tanto orales como escritos.

vida y no la de sujetos "subalternos" las dejaría fuera si se toma como referencia la definición dogmática del género "testimonio".[15]

Las narrativas en primera persona de las autoras que recuerdan sus experiencias en movimientos sociales y guerras civiles difieren de aquellas que intentaban "dar voz al otro". Si bien las memorias de Guillermoprieto y Randall forman parte de esa historia colectiva aún en proceso de construcción sobre las revoluciones sociales latinoamericanas, no puede negarse que las diferencias de género y clase las sitúan en entrecruzamientos discursivos distintos. Al contrario de la narrativa testimonial que corre el riesgo de objetivizar al otro sobre el cual se narra una historia de vida mediatizada por el intelectual letrado (con todo y sus propias intenciones escriturales ajenas al protagonista), las memorias de autor complejizan el proceso de configuración de subjetividades, en este caso femeninas. Por ello, más allá de identificar elementos en diálogo con una tradición discursiva regional en cuanto a contexto cultural de producción, estas memorias pueden leerse como fragmentos de autobiografías a la manera en que Adriana Cavarero concibe el género, es decir, historias de vida en las que se resalta un sujeto único que al contar expresa su deseo de narrarse:

> Biographies and autobiographies, before being textual sites of a refined and professional hermeneutics, are life-stories narrated as a written text. For as much as they are necessarily constructed according to diverse standards, or according to the epoch or the tastes of the time, they nonetheless tell the story of a narratable self whose identity —unique and unrepeatable— is what we seek in the pages of the text. It is this identity, which may be *rendered* as fragmentary or multiple segmentations of the self, which would deny its *unity*. (Cavarero, 71)

---

15. No es casual que Randall se haya interesado en la historia oral mientras vivió en Cuba, ya que el género testimonial inició simbólicamente en la isla en 1966 con la publicación de *Biografía de un cimarrón*, de Miguel Barnett. El género se centró en el registro de historias de vida de personas marginadas socialmente y poco representadas hasta entonces en la literatura de ficción, con base en entrevistas entre el protagonista y un mediador letrado, quien transcribía y editaba el discurso oral a un lenguaje "literario". El mediador solía ser un autor políticamente comprometido con algún movimiento o injusticia social que narraba en primera persona la vida del "otro" (Beverley; Gugelberg).

Esta fragmentación del ser es la que se conforma como rasgo peculiar de las memorias. Las autoras constantemente aluden a un antes y un después de los viajes relatados; hay una división entre su ser del pasado y el presente. El viaje es el detonante de un proceso de subjetivación que las convierte en mujeres distintas y recordarlo es tomar distancia entre la experiencia y la escritura para documentar una historia que pareciera haber sido vivida por otra mujer.

Por supuesto, la estructura narrativa en que este tipo de memorias se presenta también obedece al mercado al que está dirigido el libro, pues tanto Randall como Guillermoprieto publican sus memorias desde Estados Unidos. Al utilizar referentes a su vida estadounidense como punto de partida, evidentemente buscan generar empatía con lectores que posiblemente no estén familiarizados con la historia de América Latina. Randall es particularmente evocativa de la añoranza que sintió por su idioma y su cultura al regresar a Albuquerque desde Managua, luego de pasar un cuarto de siglo viviendo en América Latina: "The first years home were intense. So much was recognizable while so much else kept me off balance. Hearing the sound of everyday English was comforting. Childhood images reached out and drew me to their familiarity" (241–242). Sin embargo, Randall también es crítica de su país y se muestra consciente de la forma en que es tratada por su condición de mujer, sobre todo cuando relata la batalla legal de cinco años que tuvo que pelear para legalizar su residencia después de haber vivido en Cuba y Nicaragua y haber perdido su ciudadanía por tomar la mexicana. Durante las audiencias en la corte estadounidense, fue interrogada sobre por qué sus hijos tenían diferentes padres, si había posado desnuda para artistas o había sido mesera en bares gay (242–243).

La conciencia autoral en las memorias "literarias" influye en la estructura del recuerdo narrado y es por lo tanto otro factor que incide en el pacto de lectura. Sin traicionar la referencialidad como eje estructural de los géneros de no ficción, las memorias de autores suelen emplear estrategias narrativas que "novelizan" sus testimonios. A nivel estilístico, ambas autoras presentan su historia recordada en un orden cronológico; sin embargo, en el inicio y final de sus respectivos libros aluden al tiempo presente en el que el relato se genera.

De acuerdo con la teoría de la "memoria enredada" (Feindt et al., 43), el acto de recordar puede abordarse desde dos perspectivas. Desde una perspectiva sincrónica, cada acto de memoria está inscrito en diversos marcos sociales; mientras que, desde una perspectiva diacrónica, la memoria se enreda, oscilando entre actos individuales de memoria y patrones de recuerdo siempre cambiantes. Por lo tanto, la supuesta neutralidad del registro discursivo no ficcional, con todo y su convención de veracidad, está en juego y reformulación constante en el género de las memorias. Documentar el proceso no solo del viaje sino de la identidad misma de la narradora-protagonista enriquece y fomenta la hibridez genérica de sus relatos. Esto lo advierte también Guillermoprieto cuando confiesa que sus recuerdos de la época que relata no pueden leerse como un documento confiable:

> sería absurdo afirmar que estas páginas son un relato histórico y fidedigno de mi vida en esos seis meses. Pero esto tampoco es una novela. Es la transcripción fiel de mis recuerdos, algunos borrosos, otros agujereados en la memoria al paso de los años, otros remendados por el tiempo y por los filtros que van interponiendo la experiencia y la distancia, y aun otros, no lo dudo, completamente inventados por ese tenaz narrador que todos llevamos dentro, que quiere que las cosas sean como nos suenan mejor y no como fueron. (2018, 10)

Las viajeras escriben desde un presente muy ajeno al contexto del viaje iniciático; son ya autoras reconocidas en el periodismo y la literatura. Sus memorias, de hecho, obedecen a una intención de revisitar, de re-experimentar el viaje a través de la escritura desde un presente en el que el recuerdo se plasma con fines estéticos y políticos más allá del tiempo vivido. Tanto Randall como Guillermoprieto utilizan dispositivos de memoria que funcionan como recursos para consolidar el pacto de veracidad con el lector, como objetos, notas y diarios. Asimismo, recurren a técnicas de investigación antropológica y periodística como entrevistas a quienes las acompañaron en parte de esos viajes; también citan documentos históricos y periodísticos. Las técnicas de documentación y verificación de su propio testimonio permiten a las autoras una reflexión crítica sobre lo vivido más allá de la evocación anecdótica de sus experiencias de juventud. Esta reflexión obedece también a una voluntad o deseo por narrarse que, siguiendo a Cavarero, está detrás de todo narrador de una historia de vida real. A diferencia de un narrador de ficción, el de las memorias representa una persona de carne y hueso, un sujeto que busca a través de la escritura compartir su historia con el lector. No obstante, este sujeto narrado en los textos de carácter (auto)biográfico no puede ofrecer sino una identidad fragmentada. Los viajes recordados, finalmente, son un ritual de iniciación que modificará la percepción del mundo de las autoras y que incidirá en su propia noción de identidad. El viaje es, por lo tanto, un momento detonante de lo que Braidotti ha llamado "subjetividad nómade" y que a lo largo del relato ofrecerá distintas construcciones del "yo". No es casual, por lo tanto, que a estas autoras el viaje les genere reflexiones sobre su identidad, particularmente sobre la condición de ser libre y abierto al mundo.

Ser diferentes

A los pocos días de su arribo a La Habana, Guillermoprieto tiene que ser hospitalizada por bronconeumonía. Es en el hospital donde tiene su primera experiencia con la nueva sociedad cubana. Cuando insiste en querer irse a casa porque no quiere ocupar una cama que alguien más pueda necesitar, el doctor le responde:

–¡Pero muchacha! ¿Cómo tú crees que te vamos a dejar ir así? Aquí estamos para servir a la Revolución, y tú, como internacionalista que eres, ¡mereces el mejor cuidado!

Me turbé. Yo no era ninguna internacionalista, sino una simple bailarina. Me pareció de elemental decencia aclararle que tenía un buen empleo y me urgía empezar a trabajar.

–¡Nada de eso, chica, nada de eso! ¡Si internacionalista no es sólo quien arriesga la vida con una metralleta en la mano! (2018, 44)

Tanto Randall como Guillermoprieto compartieron hasta cierto punto la vida común de los cubanos durante su estadía en la isla. El acceso a una educación y servicios de salud de calidad en Cuba es uno de los temas recurrentes en ambas memorias. Randall también tiene que ser atendida urgentemente por un problema del riñón cuando llega a Cuba y, con cuatro hijos en edad escolar, el sistema educativo cubano ocupa un lugar significativo en sus reflexiones. No obstante, como puede apreciarse en el pasaje, su condición de extranjeras las pondría siempre en una situación distinta. Quizá por la diferencia de edad, pero más seguramente porque Randall ya pertenecía a círculos internacionales e intelectuales más cercanos al régimen castrista, es de las dos autoras quien más destaca social y políticamente en su tiempo en la isla. Mientras que Guillermoprieto se autorrepresenta como una joven ingenua y poco interesada en hacer mucho más en Cuba que el trabajo como profesora para el que fue contratada y, a veces, salir a divertirse con sus amigos, Randall es una mujer mucho más activa políticamente. En las memorias de esta última abundan, por ejemplo, las fotografías con personajes conocidos del ámbito político y cultural, incluso con Fidel Castro. Por sus recuerdos desfilan una gran variedad personajes públicos, como la hermana del "Che", Celia Guevara, Rodolfo Walsh, Roque Dalton, Ernesto Cardenal o Roberto Fernández Retamar. Analizar comparativamente estas dos obras, por lo tanto, también permite una lectura más plural de la experiencia revolucionaria femenina en la época.

Como el narrador descrito por Walter Benjamin (84), las autoras analizadas aquí salen de su comunidad, pero regresan para compartir –aunque solo sea varias décadas después– las historias de la gente que han conocido. Randall y Guillermoprieto exponen a través de sus memorias un ser vulnerable y único. Sus historias son una confesión al lector que da testimonio no solo de sus propias vidas sino de todos aquellos que han encontrado en su camino. Sus memorias delinean subjetividades nómadas y seres feministas, en el sentido de tener consciencia de las diferencias sexuales, independientemente de su afiliación ideológica. Las memorias manifiestan una identidad múltiple, cambiante, abierta e interconectada con las diversas culturas en las que ellas viven y se desplazan; y proyectan diversas formas de ser y estar en el mundo.

Las formas particulares que estas autoras transculturales asumen para relatar sus viajes giran en torno a las formas e intenciones del recordar. Si bien los viajes evocados no fueron del todo placenteros (o al menos no se buscaba el placer como razón de la partida), es a través de la intención de documentar su propio paso por el mundo que las autoras dan nuevos sentidos a las múltiples "yo" que cohabitan en sus textos; y en eso quizá radica el placer *a posteriori* de sus viajes. Finalmente, a través de las memorias-crónicas de viajes, como actos de traducción y como género literario, estas autoras dejan testimonio de su juventud revolucionaria pero también se convierten, por medio de la escritura, en mediadoras entre pasado y presente, es decir, en traductoras de aspiraciones e imágenes de futuro que permiten a las viajeras contemporáneas rastrear una genealogía del viaje en femenino en el cruce y entrecruce de fronteras lingüísticas y culturales en las Américas.

Obras citadas

Althusser, Louis. 1988. *Ideología y aparatos ideológicos del Estado. Freud y Lacan*. Buenos Aires: Nueva Visión.

Angulo Egea, María. 2017. *Inmersiones. Crónicas de viajes y periodismo encubierto*. Barcelona: Universidad de Barcelona.

Anzaldúa, Gloria. 2012 [1987]. *Borderlands/La Frontera. The New Mestiza*. San Francisco: Aunt Lute Press.

Assmann, Jan y John Czaplicka. 1995. "Collective Memory and Cultural Identity", *New German Critique* (65): 125–133.

Benessaieh, Afef. 2010. "Multiculturalism, Interculturality, Transculturality". En *Amériques transculturelles - Transcultural Americas*. Toronto: University of Ottawa Press. 11–38.

Benjamin, Walter. 1999. "The Storyteller. Reflections on the Works of Nikolai Leskov". En Hannah Arendt, ed. *Illuminations*. London: Pimlico. 83–107.

Beverley, John. 1987. "Anatomía del testimonio", *Revista de Crítica Literaria Latinoamericana* (25, 13): 7–16.

Beverley, John y Marc Zimmerman. 1990. *Literature and Politics in the Central American Revolutions*. Austin: University of Texas Press.

Bhabha, Homi K. 1994. *The Location of Culture*. New York: Routledge.

Braidotti, Rosi. 2011. *Nomadic Subjects. Embodiment and Sexual Difference in Contemporary feminist theory*. New York: Columbia University Press.

Carrión, Jorge. 2009. *Viaje contra espacio. Juan Goytisolo y W. G. Sebald*. Madrid: Iberoamericana Vervuert.

Cavarero, Adriana. 2006 [1997]. *Relating Narratives. Storytelling and Selfhood*. New York: Routledge.

Feindt, Gregor, Félix Krawatzek, Daniela Mehler, Friedemann Pesteland, y Fieke Trimçev. 2014. "Entangled Memory: Toward a Third Wave in Memory Studies", *History and Theory* (53, 1): 24–44.

Guevara, Ernesto. 2005 [1992]. *Diarios de motocicleta. Notas de un viaje por América Latina*. Buenos Aires: Planeta.

Gugelberg, Georg, ed. 1996. *The Real Thing: Testimonial Discourse and Latin America*. Durham: Duke University Press.

Guillermoprieto, Alma. 1994. *The Heart that Bleeds: Latin America Now*. New York: Vintage Books.

———. 2004. *Dancing with Cuba: A Memoir of the Revolution*. New York: Pantheon Books.

———. 2015. *Los placeres y los días*. México: Universidad Nacional Autónoma de México.

———. 2018. *La Habana en un espejo*. Barcelona: Random House.

———. 2020. *¿Será que soy feminista?* Bogotá: Penguin Random House.

Halbwachs, Maurice. 2004. *La memoria colectiva*. Zaragoza: Prensas Universitarias de Zaragoza.

Holland, Patrick y Graham Huggan. 2000. *Tourists with Typewriters. Critical Reflections on Contemporary Travel*. Ann Arbor: University of Michigan Press.

Lindsay, Claire. 2010. *Contemporary Travel Writing of Latin America*. London: Routledge.
Pratt, Mary Louise. 1992. *Imperial Eyes: Travel Writing and Transculturation*. London: Routledge.
Randall, Margaret. 1974. *Cuban Women Now*. Toronto: The Women's Press.
———. 2009. *To Change the World: My Years in Cuba*. New Brunswick: Rutgers University Press.
———. 2013. *Che on My Mind*. Durham: Duke University Press.
———. 2020. *I Never Left Home: Poet, Feminist, Revolutionary*. Durham: Duke University Press.
———. 2020. *My Life in 100 Objects*. New York: New Village Press.
Rodríguez, Ileana. 1996. *Women, Guerrillas and Love. Understanding War in Central America*. Minneapolis/London: University of Minnesota Press.
Rüsen, Jörn. 2014. "Crisis, Trauma, Identidad". En Silvia Pappe, Miguel Ángel Hernández Fuentes y Christian Sperling, eds. *Tiempo de ruptura*. México: Universidad Autónoma Metropolitana. 345–383.
Said, Edward. 1994 [1993]. *Culture and Imperialism*. New York: Vintage Books.
Sarlo, Beatriz. 2006. *Tiempo pasado. Cultura de la memoria y giro subjetivo. Una discusión*. Buenos Aires: Siglo Veintiuno.
———. 2014. *Viajes. De la Amazonia a las Malvinas*. Buenos Aires: Seix Barral.
Strain, Christopher B. 2017. *The Long Sixties. America, 1955–1973*. Oxford: Wiley Blackwell.
Welsch, Wolfgang. 1999. "Transculturality - the Puzzling Form of Cultures Today". En Mike Featherstone y Scott Lash, eds. *Spaces of Culture: City, Nation, World*. London: Sage. 194–213.

Poetics of Translation

Gaps and Knots in Self-Translations of Rosario Ferré and Raquel Salas Rivera

Ben A. Heller
University of Notre Dame[1]

THE READER OF ROSARIO Ferré's self-translated book of poetry, *Language Duel/Duelo del lenguaje* (2002), is likely to be surprised by the fact that page 18 is blank. The poem, "Coming Up the Archipelago" ends on page 17, while the Spanish version, "Subiendo por el archipiélago," continues onto the next right-hand page, page 19. This blank page 18 is not just empty space. It is symptomatic of Ferré's approach to translation, which embraces and exploits differences between English and Spanish, between the cultures of mainland U.S. and of Puerto Rico (even though she embraced the idea of statehood for Puerto Rico). Seventeen years later,

---

1. Heller's research and teaching has focused on Latin American poetry, cultural theory, representations of nature and translation. He has concentrated primarily on Cuba and Chile, but has wide-ranging interests in Latin America and the macro-Caribbean region. His major publications include the monograph *Assimilation, Generation, Resurrection: Contrapuntal Readings in the Poetry of José Lezama Lima* (Bucknell University Press, 1997); the edited volume *Roberto Fernández Retamar y los estudios latinoamericanos* (Heller, Ben A. and Elzbieta Sklodowska, eds., Instituto Internacional de Literatura Iberoamericana, 2000) and a volume of translations of Chilean poet Raúl Barrientos, *Running Back Through the Rain/Corriendo bajo la lluvia: Selected poems, 1982–1998* (Swan Isle Press, 2002).

in 2019, Raquel Salas Rivera, one of the most significant young voices of Puerto Rican poetry, published the bilingual book of poetry, *While They Sleep (Under the Bed is Another Country)*. This book incorporates large blank spaces to most of the poems, with short, epigrammatic poems in English in the upper third of each page, a space in the middle, and short footnotes in Spanish below. While some of the footnotes translate the poem above, most do not, opting to comment obliquely on the English text and in the process, delivering a blistering attack on the colonial relationship between the U.S. and Puerto Rico in the wake of Hurricane Maria. This paper strives to understand the role of the generative spaces in these texts, the incorporated gaps, reading them as scenes of (self)translation in which the poems and the poet/translators enact very different strategies of resistance to linguistic and cultural imperialism from within the unequal, colonial situation. Space has been an integral and meaningful part of poetic practice since at least Mallarmé's *Un coup de dés jamais n'abolira l'hasard*. In these two cases, however, the most important spaces open up around scenes of translation, in and between the languages of the poems. In these scenes of translation, the knots that tie language to culture and place reveal themselves to be impossible to untie. These are two very different poets—in terms of their politics, class, gender identities, generational affiliations—yet there is much to be learned from a comparison of their attitudes toward translation.

Desire and Incommensurability in Rosario Ferré's Language Duel/Duelo del lenguaje

Traducir mi propia obra me ha enseñado que, en última instancia, la identidad cultural resulta imposible de transcribir. (Rosario Ferré)

Beginning in 1995 Rosario Ferré published her novels first in English and only later in self-translated Spanish versions. This earned her the opprobrium of many Puerto Rican nationalist (or ethno-nationalist) critics who read this as a betrayal of nationalist ideals in search of commercial success.[2] Ferré's

---

2. For details on the history of this debate see Negrón-Muntaner (2004, 182–189), who points out the connection between language and nationalism and the way this dynamic impinges on the issue of potential statehood for Puerto Rican. Ana Lydia Vega is perhaps the most well-recognized writer to criticize Ferré's embrace

2002 book of selected poems sidestepped the issue of priority by publishing the Spanish and English simultaneously in a bilingual edition, titled *Language Duel/Duelo del lenguaje*. This volume included selected poems from her previous books of poetry, *Fábula de la garza desangrada* (1982) and *Las dos Venecias* (1992), and later poems from the 1990s and early 2000s under the title *Language Duel/Duelo del lenguaje*.[3] Alan West is given credit as co-translator (with Ferré) of poems from the two earlier volumes; Ferré takes sole responsibility for translation of the *Language Duel/Duelo del lenguaje* poems. Despite the simultaneity of the English and Spanish language publishing, Ferré's critics were most likely unmollified. If increasing readership and succeeding in the commercial world through translation are signs of betrayal, then this book clearly took part in the treason. Given that poetry in translation—when published—is often done in the target language only, the large New York-based publishing house (Vintage Books) that put the book out clearly banked on Ferré's ability to sell copies of the book in the wake of the commercial success of her 1995 novel, *The House on the Lagoon*.[4]

---

of statehood, which Ferré expressed in a 1998 op-ed for the *New York Times*. See also Cocco and Mancosu (13–14).

3. The monolingual Spanish edition was published 4 years later in Puerto Rico as *Fisuras* (2006).
4. Not only did Ferré publish *The House on the Lagoon* first in English, she also practiced a kind of free translation that resulted in substantial differences between the English and the Spanish versions, differences that blunted the transgressive thrust of much of Ferré's previous fiction. Negrón-Muntaner shows that this was consistent with Ferré's earlier self-translations, in particular of her 1986 novel, *Maldito amor*, published in translation as *Sweet Diamond Dust* in 1988. According to Negrón-Muntaner, the English translation of this novel reveals a Ferré who embodies the "classic specter" of the *traduttore, tradittore*: "Ferré hopes to diffuse the shame of colonial rule and the unruliness of the 'native' subject by minimizing racial differences between Americans and Puerto Ricans, neutering sexual language, morphing pro-*independentista* characters into statehooders, and melting Americans away as nondescript 'northerners'" (2024, 192). See Jaffe for a discussion of translation as prostitution through a detailed comparison of Ferré's self-translation of *Maldito amor* as *Sweet Diamond Dust*. A useful survey of Ferré's practice of self-translation can be found in Castillo García. Trigo provides a thoughtful reflection on Ferré's practice of self-translation and psychoanalysis.

But the betrayal seems to go deeper, at least if the title of the collection is any indication. Where the title in Spanish is a suggestive play on words, "duelo" meaning both "duel" and "mourning," the English can only capture the first of these two meanings. This is the classic sense among readers of translations (not to mention translators themselves) that details are missing, that something is "lost in translation." This is translation as traducing, both a bringing over from one language to another and a reduction, where the translator is not only a revealer of state secrets (traduttore, traditore) but almost an incarnation of the Devil ('the Devil, Satan,' a specific application of 'accuser, calumniator, slanderer, traducer,' OED). The devil is in the details (lost). Yet there is no reason to join in demonizing Ferré for translating her own work. Much is gained in translation, if not in the title of the book, then in the poems themselves as will become evident, due in part to the fact that Ferré embraces the idea that the languages are not equivalent nor indeed entirely translatable. She thus takes a creative approach to the process of translation, verging on re-writing or versioning. It is my intent here to probe more deeply into Ferré's mode of self-translation, in order to delineate the connections between loss and lust, desire and translation—beginning with that strange space or gap on p. 18.

This gap occurs at the end of "Coming up the Archipelago" / "Subiendo por el archipiélago;" while the Spanish text on the right-hand side of the book continues onto page 19, the English text of the poem ends on page 17, leaving page 18 blank. What is the meaning of this blank? How does it signify? What is it the symptom of? It must be a mistake, thinks the reader of English. The Spanish goes on, why doesn't the English? What an odd luxury, a whole blank page in the middle of the book, not separating sections, not airing out the book intentionally, just there. A logical explanation for this might be that it results from the differences between English and Spanish, with English being somehow more efficient than Spanish. This is hardly adequate as an explanation, although it is the one that Ferré would have us believe. In another poem in the volume, "Corriente alterna," she mentions that English admits no excess: "No admite sobrepeso. / Tampoco el decorado barroco / que en español se enrosca juguetón / alrededor de las palabras. / No al paseo soñador de los aborígenes / que atraviesan descalzos los páramos de Australia. / El inglés tiene que saber adónde va" (2002, 7). The only problem here is that the corresponding stanza in English is three lines longer than the Spanish one: "No excess baggage is allowed. / No playful, baroque tendrils /

curling this way and that; / no dream time walkabout / all the way down to Australia. / In English you have to know where you're going; / towards the splitting of the self / or the blasting of the molecules around you" (2002, 6). Somehow the process of translating this commentary on the efficiency of English has resulted in more English than Spanish. Efficient English is not so efficient, and translation, like poetry itself, is a "hypertelic" process, to use Lezama Lima's terminology; it goes beyond its assigned end to generate the new.[5] Coming back to the blank page 18, we can suggest that the space is not incidental to translation; it is a central panel in this scene of translation, allowing us to conceptualize the ways in which lack and generation are intertwined, resulting in creative play rather than interlinguistic mimesis.

Ferré's primary statement on the issue of translation appeared in her 1990 collection of essays, *El coloquio de las perras*, and it reflects her understanding of the issue of identity and the social situation of Puerto Ricans in the U.S. at that time. Titled "Ofelia a la deriva en las aguas de la memoria," this essay insists on translation as the translation of cultural identity, and it maps out differences that Ferré sees between Latin American and U.S. identity (1990, 69–72).[6] From our vantage point in the 21st century, Ferré seems overconfident in the sharp edges and firm ground of the philosophical and social concept of identity, and makes little attempt to take into account the multiplicity of identities and her own position of privilege within Puerto Rican and U.S. societies. Nonetheless, her confidence in the distance between Puerto Rican and U.S. identities results in an incommensurability that incites and excites, that empowers the translator and makes translation for her a creative act, a

---

5. "La poesía no puede contentarse con esa ataraxia de la respuesta. Su mundo es esencialmente hipertélico y procura ir mucho más lejos que el primer remolino concurrente de su metagrama" (Lezama Lima, 1977, 405).
6. Ferré is clearly influenced in this essay by her close reading of Steiner's *After Babel*, especially in his treatment of the debate between universalists (e.g., Chomsky) and monadists (e.g., Humboldt, Sapir, Whorf). See Steiner (51–114). For more on Ferré's thinking about Puerto Rican identity and the role of translation, see Hintz (175–191). Salgado's insightful essay on the transformations (contestations) of the legacy of José Luis González's *El país de cuatro pisos* by authors of the "ochentas" (López Nieves, Ferré and Rodríguez Juliá) draws on the history of Ferré's translation of *Maldito amor* to delve deeper into changing conceptions of Puerto Rican identity.

versioning. And that distance gives shape to the particular function of desire at the heart of the process of translation. The translator (in this case Ferré herself) seems intent on creating a parallel text that will achieve the same effect in the English reader as the original did for the Spanish speaker, and yet the languages only overlap partially. There are gaps and silences and dissonances among and between the languages that make the idea of equivalence a dream, and yet it is these very gaps between the languages that provoke the desire to translate. The languages slide over one another, touching at times, at times immeasurably distant from one another. The translator moves from word to word, *palabra a palabra*, trying to fill the voids and knowing or at least intuiting that the blanks can never be filled. As Rubén Ríos Avila states in "El saber de la poesía": "La poesía sabe que al deseo no lo mueve la satisfacción, sino el deseo mismo…. El deseo no se mueve de una meta a otra meta, sino de un blanco a otro blanco. El secreto que un blanco guarda es que, a diferencia de una meta, nunca lo podemos alcanzar. La meta tampoco, pero vive de esa ilusión" (2002, 187). This is not the desire to conquer (see Nietzche's reflections on translation in *The Gay Science* and St. Jerome's "Letter to Pammachius"), to bring over to one's own language the work of art as trophy or booty, eradicating historical distance and cultural specificity in an orgy of incorporation. It is rather something more akin to Derrida's hypersensual vision of translation as foreplay, lust in translation, where one language licks another, yet leaves that original somehow unchanged, intact: "If I love the word, it is only in the body of its idiomatic singularity, that is, where a passion for translation comes to lick it as a flame or an amorous tongue might: approaching as closely as possible while refusing at the last moment to threaten or to reduce, to consume or to consummate, leaving the other body intact" (366).[7]

In the rest of this section, I would like to follow Ferré's lead and trace the signs of this incommensurability in *Language Duel*. The questions will be: Where does the translation process break down (and thus become ever more necessary, ever more desirable)? Where does depth perception suddenly turn into a dizzying double vision? I would like to hazard just two instances here, although there are many such moments of translational resistance in

---

7. Given that this is self-translation, it may be appropriate to think of this as a kind of (self-pleasuring) play, non-confrontational and supplementary in the Derridean sense.

this book (and in poetry in general). The first sign of incommensurability in these poems are individual words that are left in the original. The second is in the change from the Spanish "nosotros" to the English "they" in many of the poems.

Incommensurability between languages and cultures is highlighted here in one of the most common of translation strategies: the strategy of not translating at all—that is, leaving the original word untranslated within the body of the translated text. Translators and writers in general have often realized that certain words are knots or nodes of resistance to translation, and that leaving them untouched is the only way to capture the elusive meanings embedded in the source language. It is hard to imagine a translation of Dostoevsky that doesn't contain the word "samovar" (just as Vargas Llosa's historical novel, *La guerra del fin del mundo*, is unimaginable without the Portuguese words "sertão" or "bandeirante"). In "Subiendo por el archipiélago" Ferré speaks of Puerto Rican immigration to the U.S. and the new immigrants' desire to speak English perfectly and hide their mother tongue:

> Era preciso ocultar el español
> que devoró el caribe
> que se tragó el arauaco
> pero lo arrastrábamos en hilachas
> de cilantro y ropa vieja.
> No importaba lo que hiciéramos,
> no lográbamos librarnos del acento. (2002, 15)

In the English version of this poem ("Coming Up the Archipelago") she leaves "cilantro" and "ropa vieja" untranslated:

> They tried to hide Spanish so hard!
> But it trailed behind them in give-away rags,
> in strands of *cilantro* and *ropa vieja*.
> They had eaten Carib that had eaten Arawak before
>   them.
> No matter what they did
> they couldn't get rid of their accent. (2002, 14)

On one hand, the translation strategy adopted here (i.e., the decision not to translate the two italicized words) underscores the poem's assertion that language remains, that the mother tongue can never be extirpated. On the other hand, it's not surprising that the resistance to translation should be exemplified by words for food. While basic words for food are translated all the time (and Saussure uses "Bread" versus "Brodt" as an example of the arbitrary nature of the signifier), there is something about the triangular relationship among tongue-language-food that makes food words resistant to adequate translation. This is why we have the words "yuca" and "barbacoa" in Spanish (and in English as "yucca" and "barbeque"), on permanent loan from the Arawak. Besides, "cilantro" is now part of American English—no one calls it Chinese parsley anymore, or fresh coriander even, as was common in the U.S. in the 1970s. It is simply "cilantro". "Ropa vieja" is a different case though, and fewer monolingual English speakers will know this Cuban dish, so it appears in the English as an index of exoticism. Nevertheless, she weaves it into the poem, letting it govern the earlier word choice, of "give-away rags". Where she might have simply left "hilachas" translated as "strands" ("but we dragged it behind us in strands / of cilantro and "ropa vieja") she adds in "give-away rags," thus making more explicit the connotation of "fraying" in "hilachas" (loose strands) and complementing the sartorial metaphor implicit in the name of the dish, "ropa vieja." But what exactly are "give-away rags"? I can only guess that this is a modification of "hand-me-downs," clothes that one inherits from an older sibling and that usually show the signs of wear and age. Yet "give-away rags" is a fine choice, as it implies the giving away of the clothes but also the way in which the clothes give you away, i.e., reveal who you are, the same way the accent might reveal place of origin. Things are developing, mutating, in the English that were only embryonic in the Spanish. The blanks of the English are not exactly the blanks of the Spanish, and the poems spread into them at different rates, pursuing slightly different "metas".

A second sign of incommensurability in *Language Duel/Duelo del lenguaje* is evident in the use of what we might call "strategic mistranslation," where Ferré uses "they" and "nosotros" as equivalents in "Coming Up the Archipelago/Subiendo por el archipiélago." In the Spanish, the author/translator includes herself ("nosotros") in the transhistorical community of Puerto Ricans (from the Arawaks and Caribs on through the early 2000s, what were present-day Puerto Ricans on the island and on the mainland for the Ferré of *Language Duel*), but refers to this same community as "they" in the English version. She thus raises the issue of the intended audiences of these poems and the relationship between that audience and the author. I said earlier that "ropa vieja" remains in the English as an index of exoticism. This may have been true for the 2002 monolingual English reader who wasn't Latino (and who wasn't a "foodie") but it may not have been so for the Latino who spoke predominantly English and who may have relied on the English version of these poems. This latter was an important audience for the collection, and may in fact have been at the forefront of the intended audience for Ferré herself. In "Ofelia a la deriva en las aguas de la memoria," Ferré states that translation is a partial solution to what she saw as the "cultural suicide" of second-generation immigrants, particularly Puerto Ricans in the U.S., who didn't learn Spanish in an attempt to adapt to their environment:

> Al verse obligados a adaptarse para sobrevivir, los hijos de padres puertorriqueños a menudo se niegan a aprender el español, y crecen sin la posibilidad de llegar a conocer la literatura y la historia de su patria. Este suicidio cultural constituye una pérdida trágica, ya que, al perder el lenguaje, se pierde también el camino que permite entrar a mundos profundamente enriquecedores. La traducción puede ser una solución parcial a esta situación. Leer sobre su país y sobre su cultura, aunque sea en inglés, puede ayudar a restañar la melancolía de los expatriados puertorriqueños, al devolver la memoria a su verdadera morada. (1990, 80)

These types of readers, whether second-generation Puerto Ricans or Cuban Americans, may not have been entirely bilingual, but "ropa vieja" might have been something they knew, and the incorporation of Spanish into the English here is a mirror image of the code-switching they may have grown up with. More importantly, the poem in translation stops the flow ("restañar") of the wound which is the "melancolía" caused by the loss of the culture of origin, returning memory to its true home ("verdadera morada"). I will come back to the issue of a "true home" below.

But if the English versions of *Duelo del lenguaje* are directed in part towards monolingual Latinos, then rather than gathering them into a community of "nosotros," these poems distance and alienate, even when they speak directly of the immigrant experience: "Entonces una ola tremenda se levantó de las islas / y fue a dar contra tierra firme. / El hielo se desprendió de los punzones-rascacielos / y nos arropó con su manto" (2002, 13). In English, the "nosotros" becomes "they," making the identification of the intended audience with the protagonists even more difficult: "Then a wave of Caribs rose from the archipelago / and rolled into the mainland. / Snow fell on them in avalanches / from ice-pick skyscrapers" (2002, 12). Ferré may have wanted to give Puerto Ricans in the U.S. access to the "patria," but it was access governed by a leap into "they," not the belonging of "we." Let me make it clear that I am not quibbling with the translator's decision here. What I am trying to do is grasp fundamental moments of incommensurability between poems and languages, in the hopes of explaining how a blank space signifies and becomes such a potent scene of translation, non-translation and mistranslation.

The key here is the slide from "nosotros" to "they," which is also the slide from one identity to another. In this case, it is the shift from being Puerto Rican (here or there) to being "Latino" or "Latina." (In 2002, "Latinx" was not part of the historical horizon). This is a slide that Ferré embraces explicitly in the acknowledgments of the book, when she thanks "Susan Bergholz, my agent, who has done so much for Latino literature in the United States." The inclusion of herself as a "Latina" writer and as a U.S. writer is even more explicit in the Spanish: "Quiero agradecerle a Susan Bergholz, mi agente literario, su incansable apoyo a mi obra, así como a la obra de muchos otros escritores latinos de Estados Unidos." As Yolanda Martínez-San Miguel points out, with reference to Puerto Ricans in New York, "se trata de una hispanidad transplantada a otra cultura, y resignificada en el término 'hispano' o 'latino' según se entiende dentro del campo cultural estadounidense. Lo 'hispano' se convierte de esa forma en un sustrato diferenciador *vis-à-vis* la cultura estadounidense, en una suerte de denominador común que permite discernir a una población particular a base de ciertos referentes culturales y lingüísticos" (2003, 325). To say one is "Latino" then is to claim solidarity with and partially elide the differences between Puerto Ricans, Cuban-Americans, Dominican-Americans, even Mexican-Americans. It is also to be bound up indissolubly with the dominant culture of the United States, even as the term acts to distinguish one from that majority culture.

This shift or slide is thematized in "Ofelia a la deriva en las aguas de la memoria," where Ferré discusses a dream in which she finds herself adrift in a canal in the middle of Washington, D.C., but with Washington on the right and San Juan on the left. Her initial panic is soon replaced by a relaxed tranquility, as she floats down the middle of the canal, which joins together in its mirroring surface reflections of the two banks. This fusion of north and south is emphasized further in her discussion of a childhood memory of looking into the mirror of her parents' dresser:

> El agua del canal me hizo pensar entonces en el espejo del ropero de mi cuarto cuando era niña; un enorme escaparate blanco con puertas de espejo biselado que mis padres habían traído de Cuba, y que parecía

salido de un cuadro veneciano. Solía entretenerme mirando muy de cerca el borde del bisel, porque cuando lo hacía veía como a mis espaldas la izquierda y la derecha se trastocaban, y acababan fundiéndose en una sola. El canal me producía el mismo efecto; en sus aguas el azul del cielo y el verde del agua, el norte y el sur, la tierra de las riberas y la vegetación que las cubría, dejaban de ser lugares y objetos específicos y se convertían en estados pasajeros, en imágenes en movimiento. El agua de las palabras, el agua del C&O canal "donde era necesario tomar todas las precauciones del lenguaje", me decía el sueño, era mi verdadera morada; ni Washington ni San Juan, ni el pasado ni el presente, sino el pasaje entre ambos. (1990, 69)

The mirror of the canal and the "borde del bisel" both reflect the image of the author back to herself. They also mix or fuse the opposing sides of the canal, and the left and right of the room in which the dresser stands. This invokes the metaphor of the hybrid, one of the most prevalent metaphors for Latin American and Caribbean culture in general.[8] While Ferré states that this hybridity of Latin American culture distances it from U.S. culture, we can also see that her own embracing of north-south hybridity undercuts that distance, making of Latin American hybridity a key ingredient of what she elsewhere imagines as a counter conquest. Yet we can also say that the canal and the dresser function as a moebius strip, a moment when two become one and one becomes two again, when the inside and the outside collapse (when interiority becomes spectacle), when being Latino is to inhabit an in-between space where belonging is both multiple and elusive. And while this space causes anxiety, the author at least can relax into it, finding her true home

---

8. Ferré mentions the Baroque nature of Spanish in relation to English as one of the fundamental factors that makes the translation of cultural identity impossible. However, she goes further in "Ofelia..." than in "Corriente alterna" by referencing Lezama Lima's book of essays, *La expresión americana*, where he makes the case that the American Baroque is the foundational movement of Latin American culture and that it differs from the European Baroque in that it reflects the hybridization of indigenous, African, and European cultures. The literature on colonialism and hybridity is vast; see Spitta for an overview pertinent to Latin America, tracing the roots of this discourse to Ortiz's notion of transculturation; see Young for a more general perspective.

("verdadera morada" again) in language itself—not English, not Spanish, but both, in language in general.

This is also a moment of necessary suturing. As Bernd Herzogenrath explains, "In Lacan's use of the Moebius Strip, the place denoting the suture of the imaginary and symbolic in a way 'hides' the primordial cut that instigated this topological figure in the first place, the cut that *is* the unconscious (or, in Lacanian terminology, the real). It is by suturing off the real that *reality* for the subject remains a *coherent illusion*, that prevents the subject from falling prey to the real, that is, falling into psychosis." Thus, the absolute recognition of the Other in the Self leads to fragmentation and the undermining of the necessary illusion of the unitary subject. We can see perhaps why claiming "puertorriqueñidad" is such an obsession. Citing Ríos Avila again: "Vivimos presos de una aparentemente incurable fascinación boricua y cargamos con la bandera, el coquí, la reinita, el flamboyán o la sonrisa de Ricky Martin en la camiseta, las tennis, la nalga derecha, el poster de la sala, la visera de la gorra, la toalla de playa o la tablilla, como si Puerto Rico estuviera en constante peligro de evaporación" (2003, 90). A hypertrophy of ethnonationalist discourse staves off recognition of the mutual implication of identities, which if recognized, would lead to a fall into the blank page in between 17 and 19.

Returning briefly to the issue of "cultural suicide" which was so preoccupying to Ferré when she wrote "Ofelia a la deriva en las aguas de la memoria" in the late 1980s, this positions the author/translator as a kind of healer/savior for Puerto Ricans who don't speak Spanish well: a savior and a conduit for authentic connection with the parents' homeland.[9] This privileged authorial position, which is given in part by a linguistic competency that is the result

---

9. Ferré also links the loss of the Spanish language and culture to "spiritual suicide" in her 1998 Op Ed in the *New York Times*. Interestingly, she comes back to the issue of "cultural suicide" in her 2002 interview with Frances Negrón-Muntaner, where she sees Spanish monolingualism also as a form of suicide. She finishes the interviewer's sentence with the loaded term: "*Negrón-Muntaner*: the exclusive use of Spanish as a public language has become an obstacle for the decolonization of Puerto Rico in part because it reduces the number of people that can participate in the debate… To insist on communicating exclusively in Spanish is… *Ferré*: suicide. I would say that our historical reality is this: we are no longer a country in the midst of an intervention. Instead, we have assimilated a bilingual and bicultural situation" (Negrón-Muntaner, 2012, 168–169).

of years of education and back and forth travel, gives her the ability to heal, to staunch ("restañar") the wound of exile and return memory to its true dwelling place. While Raquel Salas Rivera also insists on the healing power of translation, the younger poet foregoes the paternalistic attitude.

Spaces of Trauma, Spaces of Healing: Salas Rivera's *While They Sleep (Under the Bed is Another Country)*

"traducir no es comunicarse..." (Raquel Salas Rivera)

Salas Rivera's 2019 book, *While They Sleep (Under the Bed Is Another Country)* is not, strictly speaking, a self-translated book like Ferré's *Language Duel/Duelo del lenguaje*, or even like Salas Rivera's own *lo terciario/the tertiary*.[10] Only three of the longer poems are translated, while the other 83 are composed of a line or two in English at the top right of each page with a footnote number, a large space in the middle of the page, and below, a short line set off to the left, below which is the same footnote number followed by a line or two of text in Spanish. Given that the book is structured like a heavily footnoted essay, the text sets the expectation that the lower block of text (i.e., the Spanish) will expand upon the upper block (the English) or comment on it in some way. And this is indeed the case in some instances, but not in all. More importantly, the bilingual reader constantly examines the relationship between the two parts of the page, looking for the meaning of the spatial conjunction. The formal device of the footnote, coupled with and dependent on the space in between (which is the majority of each page), is an invitation to read north and south, above and below, U.S. and Puerto Rico, colonizer and colonized. This invitation, enacted on almost every page of the book, foregrounds the colonial relationship which the title of the collection questions and short-circuits from the very cover of the book: *While They Sleep (Under the Bed Is Another Country)*.

The spaces in the middle of each page evoke the ecological and sociopolitical (and economic and psychological, etc.) context that surrounds and

---

10. For an excellent reading of self-translation in *lo terciario/the tertiary* in the context of the Puerto Rican debt crisis and the PROMESA policies, see Murray-Román. See also Noel's perceptive introduction to the second edition of *lo terciario/the tertiary*.

erupts within this collection: the experience of living through Hurricane María and its aftermath in Puerto Rico. The space on each page is a visual reminder of trauma, of the violence and destruction caused by the Category 5 hurricane that moved across Puerto Rico on September 20, 2017. This devastating experience also determines the text of the poems, which gather together in constant counterpoint ways of speaking about the experience of living in Puerto Rico post-María. To a great degree these are testimonial poems composed of fragments of linguistic realia that come together as in a contrapuntal collage, made effective because of the dissonance between the two languages. The English text quotes from the media, from governmental sources, from Facebook and other social media posts, but also includes statements that use an "I" that seems to be the governing poetic subject. The Spanish, meanwhile, gives a more personal view, with many statements in the first person singular and plural, as well as quotes from hand-written signs that people would leave on their front doors, given the fact that there was a complete lack of electricity and cellphone coverage in Puerto Rico for many days after the passage of María. The space between the text above and the text below invites the reader to leap across it, but it also constantly reminds the reader of the distance between the two languages, the two countries, and acts as a node of resistance to easy translation north and south. In fact, the notion of resistance is one of the strongest threads running through the collection.

Like Rosario Ferré, Salas Rivera places untranslatability at the center of his reflections on translation.[11] In "A Note on Translation," a 2016 preface to a selection of self-translations from *lo terciario/the tertiary*, published in *Waxwing*, he discusses the practice of *not translating*:

> Generally, my poetry concerns itself with loss. Although I try to make the translations sound sourceless, I leave many words in Spanish intact when I feel the translation will silence rather than open up new meanings. There is a less quantifiable reason why I keep some words in Spanish. Even though *adoquines* are *cobblestones*, *my adoquines*, the ones I stumbled over on my way to and from the water, could never bear the word *cobblestone*. Sometimes the word in Spanish is so enmeshed with the poem's life, that changing it would be painful. I call these untranslated words *knots*. (2016)

---

11. In recent publications Salas Rivera has used "he/him" pronouns and I will follow suit here.

These knots are not Lacanian sutures that imply a double origin and a non-unitary subject, but rather the bonds of the poetic subject to a language of place and to the places of identities. Translation of these terms would silence, close off meaning, cause an almost bodily pain. Salas Rivera goes on to evoke the ghostly presence of the Spanish beyond and within the translation: "This translation's unruly knots resist assimilation and loss and, in some ways, visibilize it as illegibility. They are ghostly traces of the original poem and the traumatic linguistic labor of making oneself legible at the expense of losing connection to the world in which the poems once reverberated. Specifically, that world is Puerto Rico" (2016). The translation—and the lack of translation of certain words, more importantly—is a mode of resistance to the threat of assimilation and the power imbalance of the colonial situation. The Puerto Rican poetic subject appears illegible; the poem in translation carries the traces of the trauma of the attempt to make oneself legible to the colonizer.[12] Translation is a fraught enterprise certainly, but, here at least, one that still seems worth the attempt.

But, as with so many things, Hurricane María seems to have worked a change in the poet's attitude towards translation. As mentioned earlier, the vast majority of the poems of *While They Sleep (Under the Bed Is Another Country)* combine English and Spanish in a dialogic but untranslated relationship. These poems are preceded, however, by a poem solely in English, without a footnote, which speaks directly to "them," addressed as "you," "feds," and "deadbeat america." And although this poem is in English, it makes clear that the bilingual poems that follow are not strictly legible to the colonizer; they constitute a "sealed object" for the monolingual, imperialist, English-speaking reader: "bluff after bluff called imperial hustle. this is a sealed object, even when you think it's for you, even when you open the pages like readers trapped by the eternal. you, dust. you, gone. deadbeat america, you've been riding our horses into the ocean and driving us over cliffs since i had a history. you win and i lose. you live and i die. you vote and i don't" (2019a).

As I mentioned above, only three of the longer poems of *While They Sleep (Under the Bed Is Another Country)*, are translated, and one of these

---

12. Martínez-San Miguel discusses this "unreadability" and the "untranslatable" in relation to bilingual Latino texts (2007, 199).

(footnoted with number 52) speaks directly to the issue of translation.[13] We can see here that translation is not about communication with "them." Translation is performative and illegibility is the main characteristic of the enterprise. And as if in reply to Ferré's "Ophelia" essay, the poetic voice rejects the image of letting go and trusting in the current:

> to translate is not to communicate, nor to reach the post office mailbox without a key nor pack oneself for a domestic rate (with the exception of puerto rico). it isn't giving up, diving into the freezing lake, or believing in the current. to translate is to be the illegible witness of oneself. it is to explain things enough so that they think they understand, but to know that in the end they won't understand our (hi)stories
>
> 52 ... traducir no es comunicarse, ni llegar a un correo sin llave de buzón, ni empaquetarse para envíos domésticos (con la excepción de puerto rico). no es rendirse, ni es tirarse al lago congelado, ni creer en la corriente. traducir es ser un testigo ilegible de uno mismo. es explicar lo suficiente para que piensen que te entienden, pero saber que al fin y al cabo no entenderán nuestras historias. (2019a)

This is not just cultural incommensurability which the translating author can somehow accept, "going with the flow," so to speak. This is translation as witness to illegibility, incomprehension, to knowing in advance that the imperial reader will not understand.

Where Ferré uses "strategic mistranslation" to create shifts of pronoun and perspective, where "they" was an acceptable translation for "nosotros," Salas Rivera's use of "they" in the title of the collection is a clear reference to the sleeping subjects of the colonial power that lies above what this young poet sees as the country of Puerto Rico. Evidence for this lies in the Spanish dedication (there is no English translation of it): "dedicado a todos los que siguen luchando por un puerto rico / libre del yugo colonial / y para mi madre, yolanda rivera castillo" (2019a). And the "we," implicit in the title, is not interchangeable with the "they." In fact, "they" are unsettled (haunted?) by the "we," who "they" perceive as monsters. This is made explicit in the English poem addressed to "deadbeat america," which ends with the lines: "the monsters you shoot in your sleep, / may we survive another night in the shadows"

---

13. Poems in this volume are unpaginated; the footnote numbers are used here to indicate place in the sequence.

(2019a). The slide here from "monsters" to "we" is the shift that includes the poetic subject in the community that lives in the south, under the bed, threatening from below.

Like Ferré, Salas Rivera is also acutely aware of a Puerto Rican audience, some of whom may not speak Spanish or English in ways that would be perceived as standard. Yet Salas Rivera does not see a "brecha" or gap between this audience and the poet. The poet shares the audience's tense relationship with both languages. In "A Note on Translation" Salas Rivera highlights how his linguistic experience both on the island and the mainland was pathologized:

> Translating my own poetry has been a way of healing my relationship with a bilingual self who struggled intensely to learn standardized dialects of both languages. After living out my elementary school years in the U.S., I was unprepared for high school in Spanish-speaking Puerto Rico. Having acquired an undergraduate degree in Puerto Rico, I was unprepared for graduate school in Philadelphia. For a long time, I was bilingual in contexts where monolingualism was encouraged. My bilingualism was treated by my teachers, professors and peers as something that had to be contained, a dangerous and infectious substance. Each language could spill into the other, leaving unwanted traces and incomprehensible words. (2016)

Infirmity and contagion, bilingualism is healed for the poet by (self)translation. But this healing does not set the poet apart from the audience. Like other Puerto Ricans, Salas Rivera too appropriates the language of the colonizer: "By translating these poems, I am acknowledging that US imperialism's economic impact has led many Puerto Ricans to migrate to the US, where speaking English and surviving are synonymous. I am recognizing that their children have inherited that violent linguistic erasure, and within English, as well as Spanish, they still find ways to make the colonizer's language their own" (2016). Both Ferré and Salas Rivera conceive of the translator as a healer, but where Ferré exhibits a paternalistic attitude toward those Puerto Ricans who live in the U.S. and commit "cultural suicide" by speaking only English, Salas Rivera belongs to that bilingual community that lives or has lived on and off the island and writes and translates in solidarity with that community.

The possibility of suicide motivates one of the larger and most moving poems of *While They Sleep (Under the Bed is Another Country)*, "(note for a friend who wants to commit suicide after the hurricane)," translated on the next page as footnote 47 ("nota para una amiga que desea suicidarse después del huracán"). This poem is not about "cultural suicide" in the abstract, but about real post-María despair and the ways in which colonialism sickens the psyche. The poetic voice is tender and caring, but also clear about the roots of the problem: "nos toca primero encontrar contestaciones mejores que estas mierdas automáticas. no lo digo por añadir responsabilidades, sino para que sepas que, hermana, el intento de matarnos viene desde adentro como último refugio de un colonialismo cobarde" (2019a). And the poet's response to this friend's despair is a kind of solidarity based on hospitality, on taking the other into one's home: "vente pacá, que te doy comida y albergue mientras la tenga, que te añoño y te duplico los abrazos. no podré sanar lo insondable, pero qué mundo sería este sin ti. qué mundo este que te acosa. sin rescate..." (2019a). The poetic voice does not overreach, cannot promise to heal what is unhealable, but can't imagine the world without the friend: "qué mundo sería..." (2019a). This stubborn inability to imagine the world without the friend is a way of holding her close within the home and finding a way forward into the future: "hablemos del futuro. ni realistas, ni visionarios, hablemos del futuro porque lo encontraremos en la alfombra carcomida, en el té de campanilla, en el *buenos días, hay café* de un abrazo confuso y sincero. tenemos cama y memoria" (2019a).

Returning to the issue of translation, this poem, in its two versions (Spanish and English), enacts and illustrates the incommensurability that has been a constant of these reflections. The English version (which precedes the Spanish version) incorporates Spanish phrases, sometimes without translation, sometimes with multiple possible English translations, none of which does justice to the Spanish:

> sometimes i run into you in the street and you shine like an orb or a solar lamp, but you are still worth more than all the generators (in case you haven't been told a thousand times). y other times, without tilde, i.i.i., other times, your words reach me like a fundraiser that explodes and temporalizes the truth, like an espachurrao (squashed? flattened? spread?) aguacate on the sidewalk, green-grey from so much loving. (2019a)

The poetic voice presents this poem in both English and Spanish, for the many audiences that might read this book, but there is no suggestion that these cultural worlds are equivalent or transparently connectable. That incommensurability of cultural worlds lives at the very heart of solidarity, in the intimate embrace of the two friends: "come here and i'll give you food and shelter while i have it, que te añoño, will (cuddle? spoil? hold and rock and sing?) you, and will duplicate the hugs" (2019a). Monolingual readers of English can see the embrace, the knot of arms around one another, but cannot feel it, might think they understand it—but it is somehow beyond, illegible in the colloquial, Caribbean "añoño." That illegibility, that exclusion, is constitutive of home and of healing. Is this home a version of Ferré's "verdadera morada"?

This paper has gone to some lengths to show the generative nature of the spaces within these scenes of translation, in the poetry and self-translations of these two writers, between Spanish and English, between Puerto Rico and the U.S. as a colonial power. I have also tried to explicate the knots that impede translation, the inability and unwillingness to translate, as a fundamental problem of translation, but also as a strategy of resistance within an unequal power dynamic. It may be useful, however, by way of conclusion, to take a step back and view translation as a way of placing voices in conversation. In a recent interview in *Asymptote* with Sarah Timmer Harvey, Salas Rivera spoke about his recent experience co-editing (with Carina del Valle Schorske, Ricardo Maldonado and Erica Mena) and publishing an anthology of post-María poetry from Puerto Rico, *Puerto Rico en mi corazón*, in Spanish with en face English translations. While evoking the metaphor of translation as conversation, Salas Rivera was careful to point out that the fact of conversation does not presuppose or guarantee that both interlocutors were on the same footing:

> Language exists in mouths, in the materiality of its being spoken. This means that Spanish as it is spoken in Puerto Rico relates to English on unequal terms because most Puerto Ricans on the island don't speak English, and because English was a language the colonizers attempted to impose. It is important to recognize and contextualize this inequality before translation. ... We wanted to make sure it was very clear that placing voices in conversation through translation does not mean they are entering the conversation on equal terms. Acknowledging that is a way to tip the scale a bit in favor of those who have less power. (2019c)

Language—and poetry—exists in mouths. Although very different from one another, both Rosario Ferré and Raquel Salas Rivera imagine with their bilingual and self-translated works a moment when mouths can speak freely to one another, in both Spanish and English, on more equal terms, "refusing... to threaten or to reduce, to consume or to consummate, leaving the other body intact," as Derrida (175) says—leaving (and loving) each other *be*.

Works Cited

Castillo García, Gema Soledad. 2013. *Rosario Ferré y la (auto)traducción: "(re)writing" en inglés y en español*. Alcalá de Henares: Universidad de Alcalá, Servicio de Publicaciones.
Cocco, Simona and Paola Mancosu. 2019. "Donde la lengua duele: el conflicto entre español e inglés en *Language Duel/El duelo de las lenguas* de Rosario Ferré", *Glosas* (9, 7): 9–27.
Derrida, Jacques. 2012. "What is a 'Relevant' Translation?". In Lawrence Venuti, ed. *The Translation Studies Reader*. London and New York: Routledge. 365–388.
Ferré, Rosario. 2006. *Fisuras*. San Juan, Puerto Rico: Callejón.
———. 2002. *Language Duel/Duelo del lenguaje*. New York: Vintage.
———. 1990. "Ofelia a la deriva en las aguas de la memoria." In *El coloquio de las perras*. San Juan, Puerto Rico: Editorial Cultural. 67–82.
———. 1998. "Puerto Rico, U.S.A." *New York Times*, 19 Mar., https://www.nytimes.com/1998/03/19/opinion/puerto-rico-usa.html?searchResultPosition=1
Herzogenrath, Bernd. 1999. "On the *Lost Highway*: Lynch and Lacan, Cinema and Cultural Pathology", *Other Voices* (1, 3). http://www.othervoices.org/1.3/bh/highway.php
Hintz, Suzanne. 1995. *Rosario Ferré, A Search for Identity*. New York: Peter Lang.
Jaffe, Janice A. 1995. "Translation and Prostitution: Rosario Ferré's *Maldito amor* and *Sweet Diamond Dust*", *Latin American Literary Review* (23, 46): 66–82.
Lezama Lima, José. 2011. *La expresión americana*. Almería: Confluencias.
———. 1977. "Introducción a un sistema poético". In *Obras completas*, vol. 2. México: Aguilar. 393–427.
Martínez-San Miguel, Yolanda. 2007. "Boricua (Between) Borders". In Frances Negrón-Muntaner, ed. *None of the Above: Puerto Ricans in the Global Era*. New York: Palgrave. 195–210.
———. 2003. *Caribe two ways: cultura de la migración en el Caribe insular hispánico*. San Juan, Puerto Rico: Callejón.
Murray-Román, Jeannine. 2020. "Errors in the Exchange: Debt, Self-Translation, and the Speculative Poesis of Raquel Salas Rivera", *CR: The New Centennial Review* (20, 1): 75–102.
Navarro, Mireya. 1998. "Arts in America; Bilingual Author Finds Something Gained in Translation", *New York Times*, 8 Sept., https://www.nytimes.com/1998/09/08

/books/arts-in-americabilingual-author-finds-something-gained-in-translation.html

Negrón-Muntaner, Frances. 2004. *Boricua Pop: Puerto Ricans and the Latinization of American Culture*. New York: New York UP.

———. 2012. "Sin pelos en la lengua : Rosario Ferré's Last Interview", *Centro Journal* (24, 1): 154–171.

Nietzsche, Friedrich. 1974. "Translations". In *The Gay Science*. New York: Vintage. 136–138.

Noel, Urayoán. 2019. "Introduction: Raquel Salas Rivera's Poetics of Radical Inversion". In Raquel Salas Rivera. *lo terciario/the tertiary*. 2nd. ed. Noemi Press: i–xi.

Ríos Avila, Rubén. 2002. "El saber de la poesía". In *La raza cómica: del sujeto en Puerto Rico*. San Juan: Puerto Rico: Callejón. 173–188.

———. 2003. *Embocadura*. San Juan, Puerto Rico: Tal Cual.

Salas Rivera, Raquel. 2019a. *While They Sleep (Under the Bed Is Another Country)*. Birds.

———. 2019b. *lo terciario/the tertiary*. 2nd. ed., Noemi Press.

———. 2019c. "An Interview with Raquel Salas Rivera". Interview by Sarah Timmer Harvey. *Asymptote* (Oct.) https://www.asymptotejournal.com/interview/an-interview-with-raquel-salas-rivera/

———. 2016. "A Note on Translation." *Waxwing* (10, fall). http://waxwingmag.org/archive.php

Salgado, César A. 1998. "El entierro de González: con(tra)figuraciones del 98 en la narrativa ochentista puertorriquena", *Revista Iberoamericana* (LXIV, 184–185): 413–439.

Spitta, Silvia. 1995. *Between Two Waters: Narratives of Transculturation in Latin America*. Houston, Texas: Rice UP.

St. Jerome. 2012. "Letter to Pammachius". In Lawrence Venuti, ed. *The Translation Studies Reader*, London and New York: Routledge. 21–30.

Steiner, George. 1992. *After Babel: Aspects of Language and Translation*. London: Oxford UP.

Trigo, Benigno. 2003. "The Mother Tongue". In Doris Sommer, ed. *Bilingual Games: Some Literary Investigations*. New York: Palgrave. 177–192.

Young, Robert J. C. 1995. *Colonial Desire: Hybridity in Theory, Culture, and Race*. London and New York: Routledge

Flânerie, parlache y traducción

Vestigios de la ciudad letrada en la Medellín de *La virgen de los sicarios*

Ruth Nelly Solarte González
University of Notre Dame[1]

LA VIRGEN DE LOS sicarios (1994), de Fernando Vallejo, forma parte del corpus de la novela colombiana conocida como sicaresca que emerge a finales del siglo XX.[2] Si bien la obra de Vallejo recrea el acostumbrado retrato literario del adolescente sicario, un joven marginado al

---

1. Ruth Nelly Solarte González es profesora asistente visitante de literatura latinoamericana y español en Saint Mary's College, Notre Dame; obtuvo su doctorado en la University of Notre Dame (2022); magíster en español, University of Wisconsin-Milwaukee (2013); magíster en educación, Carthage College (2011); licenciada en educación: español e inglés, Universidad Pedagógica Nacional de Colombia (2007). Su investigación se centra en la normalización de la violencia política, la narcoviolencia y la violencia de género en Latinoamérica y la frontera entre USA y México durante el siglo XX, así como en el papel de la literatura y las artes visuales en tanto espacio simbólico de resistencia frente a estos problemas en conjunto con los estudios de memoria, género y derechos humanos.
2. El escritor Héctor Abad Faciolince acuñó el término novela "sicaresca" basado en la trasnominación entre las palabras pícaro y sicario y sus derivaciones picaresca y sicaresca. Dentro del corpus de la sicaresca son conocidas las novelas *El sicario* (1990), de Mario Bahamón Dussán; *Morir con papá* (1997), de Oscar Collazos; *Rosario Tijeras* (1999), de Jorge Franco; *Sangre ajena* (2000), de Arturo Alape, entre otras.

servicio de los narcos, es también perceptible la preponderancia del narrador personaje, Fernando. Este sujeto es un gramático que después de una larga estadía en el extranjero regresa a su ciudad natal, Medellín. Por los azares de la vida, Fernando se acerca a la otra Medellín, la del mundo de los jóvenes sicarios, un espacio ajeno a su realidad y sus memorias. El narrador establece con dos de estos muchachos una relación sentimental, la cual se percibe como asimétrica por factores de edad, poder socioeconómico y nivel educativo. Desde su subjetividad y su posicionamiento dominante, el gramático nos presenta un relato en el que describe su percepción del entorno urbano que lo rodea y la realidad de los sicarios. Así, el presente estudio propone una lectura de la novela de Vallejo focalizada en la figura de Fernando. Examinaré cómo el perfil de este personaje evoca cierto vestigio de lo que Ángel Rama llamó la "ciudad letrada" y que, en el contexto colombiano, se hace visible durante la etapa de modernización. Dentro de ese ámbito cultural, señalaré la manera en que el narrador se presenta a la vez como un traductor que asume la tarea de explicar el argot delincuencial de los sicarios conocido como "parlache". Analizaré además el modo en que Fernando configura residuos de un "flâneur modernista", quien en sus recorridos por la Medellín de finales del siglo XX observa el fracaso del proyecto de la modernidad en Colombia. El narrador dice que anda en una ciudad violenta, habitada por muertos vivos y en ese sentido se convierte en lo que llamaré aquí un "flâneur zombi".

El sicario y el gramático, acercamiento de dos ciudades

En la apertura de *La virgen de los sicarios,* Fernando inicia su relato repasando algunas memorias de su infancia en las zonas aledañas de Medellín. En un tono dialógico, el narrador interpela a un lector ajeno a su contexto y como un etnólogo le explica lo que es un globo de papel china, la imagen del Corazón de Jesús y un niño sicario (7–9). Aunque el gramático declara que su tierra natal es Colombia, expresa un dejo de desapego respecto a dicho territorio: "¿Pero por qué me preocupa a mí Colombia si ya no es mía, es ajena?" (8). Asimismo, este sentimiento de desafección es enfatizado a través del distanciamiento que traza Fernando en relación con la población colombiana al decir: "como se nos desbarajustó después Colombia, o mejor dicho, como se 'les' desbarajustó a ellos porque a mí no, yo aquí no estaba, yo volví después, años y años, décadas, vuelto un viejo, a morir" (8). En esta declaración, el narrador no solo revela su exilio, sino que hace clara una distinción entre su yo y un ellos, los colombianos. Fernando ve en la otredad de esa población una suerte de barbarie, la cual critica a lo largo de su relato con expresiones como: "Yo no soy de aquí. Me avergüenzo de esta raza limosnera" o "gentuza agresiva, fea, abyecta, esa raza depravada y subhumana" (15, 65). El gramático se refiere así mayormente a los habitantes de los barrios marginados de la ciudad o comunas; de esta manera asume un rol de superioridad frente a estos sujetos.

Respecto a estas zonas marginales de la ciudad de Medellín el narrador aclara: "Las comunas cuando yo nací ni existían. Ni siquiera en mi juventud, cuando me fui. Las encontré a mi regreso en plena matazón, florecidas, pesando sobre la ciudad como su desgracia. Barrios y barrios de casuchas amontonadas unas sobre otras en las laderas de las montañas [...] ¿Por qué llamaron al conjunto de los barrios de una montaña comunas? Tal vez porque alguna calle o alcantarilla hicieron los fundadores por acción comunal" (28-29). Nótese que el gramático declara que este territorio le es totalmente ajeno, puesto que antes de su exilio las comunas no habían sido construidas, razón por la cual Fernando no concibe este sector como parte de la capital. Para el narrador, estas áreas son como una añadidura a la ciudad constituida oficialmente, aquella que yace en sus memorias de juventud. Esta apreciación coincide con el tipo de metrópoli latinoamericana descrita por José Luis Romero, la cual estaba constituida por dos grupos. El primero corresponde a una "sociedad tradicional", con sujetos divididos en clases y regulados a través de normas. El segundo, por una comunidad inmigrante, excluida de la norma y percibida como marginal por los habitantes de la ciudad organizada (331).

Romero se refiere a la formación de asentamientos alrededor de las ciudades a causa de las migraciones de pobladores rurales en el siglo XX. Este hecho es detallado por Fernando en su relato y concuerda con las migraciones de campesinos que se dieron a la ciudad de Medellín a mediados del siglo XX, quienes fundaron barrios de invasión en las montañas que la rodean (Salazar, 1996, 10). El narrador dice que en las comunas los "fundadores [...] eran campesinos: gentecita humilde que traía del campo sus costumbres, como rezar el rosario, beber aguardiente, robarle al vecino y matarse por chichiguas con el prójimo en peleas a machete [...] Y matándose por chichiguas siguieron: después del machete a cuchillo y después a bala, y en bala están hoy cuando escribo" (29). La descripción de Fernando se focaliza mayormente en la violencia que caracterizó a los migrantes rurales, la cual, según su punto de vista, ha persistido hasta su presente. Es así como el gramático alude a una violencia innata en estos sujetos que señala una marca distintiva de ellos con respecto al resto de la sociedad. De ese modo, Fernando, al reconocerse a sí mismo como oriundo de la sociedad tradicional capitalina, se diferencia o distancia de aquellos individuos.

Más adelante, el gramático describe los barrios de las montañas: "Rodaderos, basureros, barrancas, cañadas, quebradas, eso son las comunas. Y el laberinto de calles ciegas de construcciones caóticas, vívida prueba de cómo nacieron: como barrios 'de invasión' o 'piratas', sin planificación urbana, levantadas las casas de prisa sobre terrenos robados" (59). Fernando caracteriza las comunas como lugares caóticos fuera del orden urbanístico planeado dentro de la ciudad tradicional. De ahí que el narrador distinga la existencia de dos urbes y proponga los nombres que estas deben recibir: "Medellín la ciudad de abajo, y que se deje su alias para la de arriba: Medallo" (84). El gramático plantea que la metrópoli tradicional siga llevando su nombre, el asignado por los fundadores oficiales; y la otra, la de las comunas, el alias de "Medallo", sacado del argot que hablan sus habitantes, el "parlache". De esta manera, el narrador desde su mirada de lingüista reitera la interrelación entre selecciones lexicales y el poder, así como las relaciones entre los significantes, su enunciación y el nivel semántico que la ciudad emite.

En este sentido, Rama explica que en las ciudades es tangible un orden vertical establecido a partir de conceptos de clase, educación, renta, etc. Dicha organización revela la existencia de subculturas que se diferencian por sus "creencias, comportamientos, intereses, gustos y opciones, ocupaciones y hábitos", al igual que por sus productos culturales, los modos de comunicación, sus mensajes y sus preferencias lexicales (Rama, 2008, 74). Es lógico que dentro de esta verticalidad exista una segmentación y una lejanía entre la base y la cúspide de esta organización social. Por ende, los sujetos no sostienen interacciones simétricas a pesar de convivir en el mismo espacio urbano. Algunas novelas sicarescas señalan que, con el auge del narcotráfico, sujetos provenientes de diferentes grupos sociales se acercaron, dándose una suerte de transculturación que se podría detectar como transitoria.[3] En estas obras, los sujetos adoptan ciertas prácticas culturales provenientes de grupos

---

3. El concepto de "transculturación" es propuesto por el cubano Fernando Ortiz para describir el proceso transitivo de una cultura a otra. Rama, a partir de Ortiz, explica que la cultura de la comunidad latinoamericana es "un producto largamente transculturado y en permanente evolución", con rasgos idiosincráticos locales y reelaboraciones culturales procedentes del exterior (2008, 40-41).

sociales distintos por un lapso breve de tiempo. Hacia el final del relato, los individuos abandonan tales prácticas y retornan a su cotidianidad. Por ejemplo, en la novela *Rosario Tijeras* (1999) de Jorge Franco se describe cómo la clase burguesa y los miembros de la subcultura del narco frecuentaban los mismos lugares de diversión como las discotecas. Asimismo, la obra alude a la relación que sostienen el narrador y su mejor amigo, dos jóvenes de clase alta, con la protagonista y su círculo de amistades provenientes de la periferia de Medellín. El narrador explica que por un tiempo su manera de vestir, su corte de cabello y su uso de escapularios imitaba el estilo de los muchachos de las comunas (Franco, 68).

La novela de Vallejo también alude a este tipo de intercambios culturales a través de la relación entre el narrador y Alexis. Si bien la unión entre estos personajes es de tipo amoroso, no pasa desapercibida la tensión que existe entre ellos. Esta discordancia se debe a la respectiva formación cultural y a los contextos sociales en donde se desarrollaron estos individuos; el gramático en el sector privilegiado de Medellín y en Europa, Alexis en las comunas. Al sicario le parece extraño el silencio en que Fernando quiere estar sumergido. Por su parte, al narrador en un principio le resultan incomprensibles el argot que emplea el sicario para comunicarse, su desmedida violencia y la música heavy metal que escucha todo el día. Sin embargo, a medida que la historia avanza, se percibe que el narrador adopta usos lexicales del modo de hablar de Alexis y sus amigos: "Hoy en el centro—le conté a Alexis luego hablando en jerga con mi manía políglota—dos bandas se estaban dando chumbimba" (24).[4] En la cita, el gramático expresa claramente que usa el "parlache" por gusto y no como una estrategia lingüística para comunicarse con Alexis.

Según Mary Louise Pratt, los etnógrafos usan el término "transculturación" para explicar cómo sujetos subalternos "seleccionan e inventan a partir de los materiales que les son transmitidos por una cultura dominante o metropolitana" (32). Lo interesante en la novela de Vallejo es que no es el subalterno quien adopta el dialecto del sujeto dominante, sino a la inversa. Pareciera que este fenómeno obedece más a la cantidad de hablantes que al prestigio del dialecto en sí. Fernando representa una minoría letrada con respecto al número mayor de sicarios con los que interactúa en su diario vivir. Elsy Rosas Crespo plantea que la adopción del argot del sicario por parte de Fernando se conecta hasta cierto punto con el concepto de "narradores de la transculturación"

---

4. "Dar chumbimba" significa "dar bala" o disparar (Salazar, 1990, 169).

propuesto por Ángel Rama. Según la autora, en estas obras "[l]a voz de los narradores no es fría y distante, como si fuera la de un hombre culto, distanciado y objetivo que expone situaciones que le son ajenas, sino que esta voz se mezcla y se confunde con la de los personajes [...] [y] Fernando Vallejo ha llevado esta práctica al extremo" (4). Rosas Crespo sostiene que esta técnica narrativa no persigue conceder voz a los marginados, sino reflexionar sobre los problemas de la "explosión demográfica" y la violencia en la ciudad a través de la voz y las acciones de los personajes subalternos. En verdad, aunque Fernando por momentos muestra empatía por el sicario y agrado al incorporar su jerga en sus comentarios, es claro que no trata de darle voz a dicho sujeto o rescatar su argot. Por el contrario, el modo en que el narrador explica el significado de las palabras que usa Alexis indica su reconocimiento del límite cultural que lo separa del joven; además, señala la otredad del sicario y lo ubica en un lugar de subalterno. Por lo tanto, no se puede hablar de una transculturación en el encuentro entre Fernando y el sicario.

Fernando insiste en su distanciamiento cultural con relación a Alexis. En su narrativa, el gramático se posiciona en un lugar superior; la historia es narrada solo desde su punto de vista y matizada con sus valoraciones subjetivas. En consecuencia, la voz de Alexis es mayormente silenciada, salvo algunos momentos en donde Fernando cita comentarios del joven, los cuales, por supuesto, pasan por el filtro interpretativo del narrador. Según Margarita Jácome, las explicaciones de Fernando respecto a la manera de proceder del sicario se ubican en un nivel especulativo basado en lo que la sociedad, los sociólogos y los medios de comunicación han descrito como perfil de este sujeto (78). Respecto a los sociólogos, Fernando presenta una suerte de escepticismo y hostilidad: "Dicen los sociólogos que los sicarios le piden a María Auxiliadora que no les vaya a fallar, que les afine la puntería cuando disparen ¿Acaso son Dostoievski o Dios padre para meterse en la mente de otros?" (16). Aunque el narrador pone aquí en duda las interpretaciones de los sociólogos, vemos que sus comentarios sobre el comportamiento de los sicarios no se alejan de este tipo especulaciones a lo largo de su relato.

A pesar de que el gramático manifiesta un amor romántico por Alexis, persiste en verlo como un sujeto subalterno en lo concerniente a su nivel intelectual y lo describe así: "[Alexis] [s]in saber ni inglés ni francés ni japonés ni nada solo comprende el lenguaje universal del golpe. Eso hace parte de su pureza intocada. Lo demás es palabrería hueca zumbando en la cabeza" (23). El narrador barbariza a Alexis al indicar que su lenguaje es el de la violencia;

además, subvalora su inteligencia y su conocimiento del mundo. El gramático también asocia la caracterización de este sicario con una "pureza" inalterada. Según Aldona B. Pobutsky, los sicarios en la novela de Vallejo "mantienen un estatus inocente vis à vis los otros grupos criminales" (572) son presentados como seres ingenuos que matan no con el propósito de robar sino por capricho. Si bien esta observación es acertada, cabe anotar que desde la relación de dominador-dominado la manera de presentar a Alexis como un joven ingenuo podría conectarse con una estrategia discursiva. Dicho recurso permite mostrar al sicario como un individuo inferior respecto al narrador, que se caracteriza a sí mismo como un sujeto crítico y perspicaz.

Dentro de esta dinámica de dominador-dominado, se evidencia además una cosificación sexual del sicario, a quien se considera una mercancía circulable. Fernando lo explica al aludir a su amigo José Antonio, cuya vivienda era frecuentada por jóvenes sicarios y quien ofrecía a sus amistades estos jóvenes para tener encuentros sexuales. El gramático dice: "¿a quién sino a él se le da por regalar muchachos que es lo más valioso? 'Los muchachos no son de nadie—dice él—, son de quien los necesita'" (12). En esta cita, el sicario es valorado por su juventud y su utilidad como objeto sexual. Esta no es la única manera en que se cosifica al sicario en la novela, lo es también como móvil asesino, tal como expresa Fernando: "Para eso están aquí los sicarios, para que sirvan, como las putas, y los contraten los que les pueden pagar" (88). Aunque el narrador no remunera a Alexis por matar, de manera indirecta sí lo usa como instrumento de asesinato. Es así como en la obra se presenta una cosificación dual de Alexis: como instrumento sexual y de homicidio. Dicha cosificación se puede rastrear también en la novela de Franco. Rosario, la sicaria protagonista, es prostituida y contratada para asesinar por encargo, además es cosificada y silenciada por un narrador que proviene de las elites de Medellín.[5]

---

5. Glen Close examina la figura cosificada de Rosario Tijeras en un film basado en la novela de Franco. El autor plantea que, tanto en la película como en la novela, la sicaria es narrada a través de la mirada deseante o "desiring gaze" del narrador (305). Asimismo, Solarte González analiza como en la novela de Franco, la sicaria es subyugada a un orden narco patriarcal que mercantiliza su cuerpo como acompañante de narcos y a la vez contratada para asesinar. En el estudio se afirma además que la novela presenta una falsa idea de resistencia femenina, puesto que por momentos la mujer es caracterizada con una performance masculina (2018).

En contraste con otras novelas sicarescas, en la obra de Vallejo la cosificación de Alexis como móvil asesino es complejizada, puesto que la trama se sitúa en un momento posterior a la muerte de Pablo Escobar, a quien el narrador llama el "el gran contratador de sicarios" (61). Alexis ya no es empleado por los capos de la mafia para asesinar, sino que es inducido por el narrador para tal fin (Mocchi, 22). De hecho, Fernando admite su incidencia en la conducta asesina del sicario: "'Yo a este mamarracho lo quisiera matar'. 'Yo te lo mato— me dijo Alexis con esa complacencia suya atenta siempre a mis más mínimos caprichos—'" (25). El narrador expresa aquí su desprecio por un joven punkero que escucha música a altas horas de la noche y perturba su descanso. Una página más adelante, el narrador relata cómo Alexis asesina al punkero en la calle a sangre fría; ilustra así uno de los tantos episodios donde el sicario mata para satisfacer a Fernando. Este primer homicidio es el detonante de una cadena de asesinatos que el gramático y Alexis cometen. Dicha serie de crímenes, según Óscar E. Montoya, obedece a una suerte de "limpieza social", término que se usó en Colombia para "referirse al exterminio de sectores indeseables en la sociedad", tales como delincuentes, drogadictos y militantes de izquierda en manos de grupos paramilitares (970). Fernando se convierte de manera indirecta en coautor de algunas de estas muertes, incluso expresa escuetamente su aprobación: "¿Estuvo bien este último 'cascado' de Alexis, el transeúnte boquisucio? ¡Claro que sí, yo lo apruebo! Hay que enseñarle a esta gentuza alzada la tolerancia, hay que erradicar el odio" (42). Este comentario del narrador permite ver, además de su desprecio por el ciudadano común, su idea de que el asesinato de estas personas es una manera de aleccionarlas. Podría decirse entonces que Fernando usa a Alexis como instrumento de asesinato para higienizar una sociedad que el narrador percibe como poluta y decadente.

Fernando: vestigio de la ciudad letrada y el proyecto de la Regeneración en Colombia

Rama describe la "ciudad letrada" como aquella que convivió con una "urbe real" o física en América Latina, que data de los tiempos de la colonia y que perduró a lo largo de los siglos a pesar de las transformaciones sociales. Según el crítico, inicialmente la "ciudad letrada" estaba conformada por una "pléyade de religiosos, administradores, educadores, profesionales, escritores y múltiples servidores intelectuales, todos esos que manejaban la pluma, estaban estrechamente asociados a las funciones del poder" (1998, 32). Para el autor, en la tarea de los intelectuales americanos era visible una "cualidad aristocrática, elitista y clasista" (1998, 16). Así, Rama explica que esta ciudad se hace tangible a través del ejercicio de eruditos, quienes poseen un dominio sobre el capital intelectual y la palabra escrita y, por lo tanto, están en contacto con una forma de "poder simbólico". En este sentido, Pierre Bourdieu señala que los intelectuales y artistas sirven a una clase social más alta y "tienden siempre a ubicar el capital específico, al cual deben su posición, en la cima de la jerarquía de los principios de jerarquización" (68). Fernando en su condición de sujeto ilustrado representa vestigios de esta "ciudad letrada". De hecho, Soledad Mocchi plantea que el gramático "realiza una evaluación ética" de su entorno de la manera que la haría un sujeto proveniente de dicha ciudad (23). En la novela, aunque Fernando critica fuertemente al Estado, la iglesia y otras instituciones de poder, su estatus de intelectual y su discurso clasista lo alinean a la "ciudad letrada" y lo inducen a servir de manera inconsciente a una jerarquía más alta de poder. A la vez, el narrador hace uso de dicho "poder simbólico" en sus interacciones con Alexis y otros sujetos de este grupo marginal. Jorgelina Corbatta observa que el narrador realiza una lectura de la ciudad desde las alturas del balcón de su apartamento como si fuera un dios (697). En verdad, el posicionamiento y la mirada de Fernando desde un lugar elevado simbolizan la manera en que el narrador se percibe a sí mismo frente a los otros que observa.

Rama plantea que, con la llegada de la modernidad a Latinoamérica, la "ciudad letrada" exhibió un "espléndido período de estudios filológicos", puesto que brillantes lingüistas la integraban (1998, 69). El autor ubica el comienzo de este periodo en el año 1870; lo denomina "Cultura modernizada internacionalista" y a la primera etapa de este ciclo la llama "cultura ilustrada", cuyos representantes constituyen una minoría que posee una fuerte formación intelectual y "custodia el saber" (1998, 38). Rama señala que en algunos casos estos sujetos estaban vinculados con el ente gubernamental y expone el caso de Colombia (1998, 69). El crítico alude al proyecto político de la Regeneración (1878-1899) que estuvo a la cabeza de los presidentes de la República Rafael Núñez y Miguel Antonio Caro.

El plan regeneracionista perseguía la unión de los partidos políticos y la nación colombiana. El medio para lograr esta unificación consistía en una centralización del poder a través del uso de la religión católica, la normalización lingüística y el control de la producción literaria como instrumentos de unión ideológica. Este proyecto rechazaba ciertas ideas de la modernidad y excluía a las minorías indígenas y afrocolombianas (Jaramillo, 20). El programa además se conectaba con las ideas de "civilizar, educar, 'domesticar', pacificar, controlar y someter al bárbaro" (Melgarejo, 14). Los regeneracionistas promovían la pureza de la lengua española y la idea de que todo hombre que tuviera aspiraciones políticas necesitaba poseer altos conocimientos filológicos. Podría afirmarse que tal valoración de las habilidades lingüísticas se convirtió en un mecanismo de exclusión social y de control de la producción literaria para así proteger los intereses ideológicos de este proyecto político. Díaz-Salazar explica que en el caso colombiano "la relación entre el buen uso de las letras, la gramática como ordenación de la *parole* –lo natural, lo bárbaro–, y la política se dará en un grado sin equivalente en otras partes del continente" (277). Aunque cronológicamente Fernando dista de los intelectuales de la Regeneración, es posible ver que algunos elementos de la ideología de estos pensadores forman parte de su manera de apreciar el lenguaje y de calificar a la sociedad que lo rodea, esto es, como bárbara y caótica.

Fernando además se conecta con la "ciudad letrada" a través de su manera de identificarse con miembros de la Academia de la lengua. Rama explica que durante la modernidad las Academias de la lengua aparecieron como una medida de prevención de la "ciudad letrada" contra el "peligro" en que se encontraba el idioma español debido a la migración extranjera, la influencia francesa y la división de las naciones. El autor específicamente identifica la eficacia de la Academia colombiana para alcanzar este objetivo (1998, 68). Esta institución fue fundada en 1871 por el presidente de la República Miguel Antonio Caro y el lingüista Rufino José Cuervo, a quien se conoce como el "padre de la filología hispanoamericana". En la novela, Fernando alude abiertamente a Cuervo durante sus divagaciones sobre la manera en que Alexis habla: "Y yo me quedé enredado en su frase soñando [...] pensando en don Rufino José Cuervo y lo mucho de agua que desde entonces había arrastrado el río" (20). Con la metáfora del río, el narrador bien podría referirse al tiempo que ha pasado desde la existencia de Cuervo y sus esfuerzos por estudiar los usos correctos de la lengua española con obras como el *Diccionario de construcción y régimen de la lengua castellana* (1886).

Fernando además explica que en su juventud frecuentó a Cuervo (20) y al señalar esta interacción persigue insertarse en la tradición de filólogos colombianos. Incluso, el narrador se identifica a sí mismo como "último gramático de Colombia" (50).⁶ Pareciera que Fernando se alinea con la figura de Cuervo no solo al decir que él es el último de la estirpe del filólogo, sino con elementos biográficos compartidos. Un ejemplo de ello es el deseo de establecerse en la ciudad de Medellín durante la vejez. Cuervo, unos años antes de su muerte, les manifestó a su sobrino Benigno Barreto Cuervo y a su amigo el escritor Eduardo Zuleta Vieira su deseo de radicarse en la mencionada ciudad a su regreso de París (Tisnés, 430). Caso similar al de Fernando, quien, como se ha señalado antes, retorna a Medellín en su edad madura y después de una larga estadía en Europa. Estas conexiones entre Fernando y el filólogo colombiano ilustran rastros de la "ciudad letrada" en el perfil del narrador.⁷

Cabe anotar que el pensamiento de Fernando respecto a los lazos comunes entre ciudad y lengua se tornan un poco ambiguos en el relato. Según Díaz-Salazar, el narrador "se muestra obsesionado por las cuestiones relacionadas con el lenguaje, haciéndose extensiva esta obsesión al tema del orden en el espacio urbano, y a la vez deja entrever su escepticismo respecto al poder de las letras, de la lengua en esta situación de violencia [...] en Colombia" (284). Por una parte, llama la atención que la autora detecte aquí una conexión entre la fijación del narrador con la lengua y el orden de la ciudad. Este nexo nos remite a los apuntes de Rama sobre la fundación de las ciudades

---

6. Aquí también vemos una conexión con el autor Fernando Vallejo y su faceta de gramático, la cual es visible en su primer libro, *Logoi. Una gramática del lenguaje literario* (1983), obra que el autor dedica a la memoria de José Rufino Cuervo (2011b, 8). En ese trabajo, Vallejo sostiene que todo texto literario coincide parcialmente con la lengua hablada. Debido a que el lenguaje oral es "práctico, busca la comunicación inmediata" y el literario, en contraste, posee una estética y una "intención ordenadora" (2011b, 10-11). Según Gersende Camenen, en *Logoi*, Vallejo defiende la idea de "la existencia de una lengua literaria autónoma del lenguaje hablado y común a las lenguas europeas [...] [que] no es propiedad privada de nadie, sino patrimonio colectivo" (102).

7. Cabe aquí anotar la profunda admiración que ha expresado Fernando Vallejo por Cuervo. En el 2007, durante la lectura de su ensayo titulado "El lejano país de Rufino José Cuervo" en el Festival Malpensante, el escritor manifestó que él canonizaría a Cuervo como "el más noble y el más bueno de los colombianos". Luego, en el año 2012, Vallejo publicó una extensa biografía del filólogo titulada *El cuervo blanco*, con motivo de la conmemoración del centenario de su muerte.

latinoamericanas. En dicho contexto, también hubo una preocupación por la idea del orden. Además, la representación simbólica, las palabras y las normas precedían a la ciudad física construida. Rama dice: "el orden debe quedar estatuido antes de que la ciudad exista, para así impedir el futuro desorden" (1998, 21). Por lo tanto, la caracterización de Fernando, como vestigio de la "ciudad letrada", revela que a este personaje le molesta sobremanera observar el caos de la urbe que lo rodea, puesto que no fue lo previsto en la fundación de la misma.

Por otra parte, Richard Sennett plantea que "el arte de diseñar ciudades decayó [...] a mitad del siglo XX" y que las ciudades ideales, limpias, seguras y libres de divisiones de clase y raza, donde todos anhelan vivir, no existen. Según el autor, las ciudades fracasan por "causa de políticas gubernamentales, males sociales irreparables y fuerzas económicas que escapan al control local" (26). Estos problemas son los que identifica Fernando a su regreso a Medellín. Así, a través de la óptica del narrador, la novela de Vallejo construye una crítica y una denuncia de esta situación de la ciudad posmoderna. Esta problemática no es solo para el caso colombiano, sino que se presenta en las diferentes ciudades latinoamericanas, caracterizadas por una distribución desigual de recursos y de oportunidades para los jóvenes (Rosas Crespo, 3). En sí, las descripciones de Fernando sobre las zonas marginadas y la creciente población que las habita coinciden con lo que Mike Davis identifica como "el área urbana hiperdegradada" contemporánea, localizada en países en vías de desarrollo. Davis señala además que las ciudades tercermundistas se convirtieron en "un vertedero para una población excedente que trabaja en todo tipo de servicios informales mal pagados, descualificados y sin ningún tipo de protección" (24). Esta es la realidad de una gran parte de la población que Fernando identifica en Medellín. Dicho fenómeno produjo situaciones inauditas como el sicariato, que se convirtió en una alternativa laboral para los jóvenes marginados.

Por otra parte, Díaz-Salazar detecta en Fernando una consciencia sobre la ausencia del "poder de las letras" en su contexto, lo que podría explicarse desde la idea de que el narrador no representa en su totalidad a la "ciudad letrada", sino que es en sí un vestigio de la misma. Fernando lleva consigo una nostalgia por un pasado de lo que se aspiraba para la nación colombiana, y a la vez vive el presente que le revela el truncamiento de tales aspiraciones. Asimismo, los sujetos provenientes de las masas populares le revelan al narrador que tal proyecto de "regeneración" de los bárbaros no se consolidó en su nación. Por esta razón, el gramático emprende su operación devastadora con Alexis, a quien identifica como "el Ángel Exterminador que había descendido sobre Medellín a acabar con su raza perversa" (55). Dicha empresa aparece como una remembranza del exterminio de comunidades iletradas en el siglo XIX que, según Rama, fue registrada en obras como *Os Sertões* (1902) de Euclides da Cunha.

Fernando, un traductor del parlache

A través de las interacciones de Fernando con el grupo de sicarios, el narrador descubre una nueva manera de hablar el español en el argot que usan estos jóvenes. El gramático describe este modo de expresarse así: "[Alexis] [n] o habla español, habla en argot o jerga. En la jerga de las comunas o argot comunero que está formado en esencia de un viejo fondo de idioma local de Antioquia [...] más una que otra supervivencia del malevo antiguo del barrio de Guayaquil [...] que hablaron sus cuchilleros, ya muertos; y en fin, de una serie de vocablos y giros nuevos, feos para designar ciertos conceptos viejos: matar, morir, el muerto, el revólver" (23). En este pasaje, Fernando desde su rol de sujeto letrado esboza una explicación de la formación de la jerga de los sicarios y lo asocia con el habla de los delincuentes predecesores de estos jóvenes.

Posteriormente y a lo largo de su relato, el narrador asume la tarea de interpretar o traducir para un lector educado o extranjero palabras de este dialecto juvenil. Aunque en la novela no aparece el término, se sabe que Fernando se refiere al habla de las comunas conocido como "parlache", acuñado por Luz Stella Castañeda. Esta expresión se deriva del vocablo "parlar" o hablar y la aféresis de la expresión "parche", un coloquialismo que significa "sitio o grupo de conversación" (Salazar, 1990, 174); el "parlache" es la lengua del parche, la lengua de la pandilla. Según Castañeda, esta variedad dialectal es utilizada por jóvenes marginados y habitantes de Medellín. La autora indica que el "parlache" aparece como "una de las respuestas que los grupos excluidos dan a los otros sectores de la sociedad que los margina. Por esto, es un dialecto claramente diferenciador de los procesos de comunicación, y sólo los hablantes auténticos, los que se reconocen como habitantes de estos sectores [...] pueden comunicarse con propiedad utilizando el parlache" (78). Aquí vemos que esta jerga, al ser una marca distintiva de los jóvenes excluidos, puede ser percibida por los miembros de las elites sociales como una variedad del español que presenta un registro vulgar y popular, incluso marginal, tal como lo aprecia Fernando.

Cabe anotar que la diferenciación social explícita en el "parlache" se asocia con la búsqueda de una identidad sustentada en la territorialidad de estas subculturas juveniles. Carlos Feixa explica que los miembros de dichos grupos dominan ciertos espacios urbanos como esquinas y calles. Además, estos jóvenes inventan palabras y frases a partir de metáforas y argots marginales relacionados con la delincuencia (en Castañeda, 83). Al describir las comunas, Fernando también alude al dominio que tienen estos muchachos sobre espacios urbanos. El narrador dice: "cada barrio repartido en varias bandas: cinco, diez, quince muchachos que forman una jauría que por donde orina nadie pasa [...]. Por razones 'territoriales', un muchacho de un barrio no puede transitar por las calles de otro. Eso sería un insulto insufrible a la propiedad" (57). El gramático expone aquí un problema que, según Salazar, no se hizo visible hasta el momento en que el Estado colombiano se dio cuenta que estas bandas eran apoyadas por el fuero del narcotráfico (1990, 16). Castañeda, por su parte, también ve una relación entre el "parlache" y la cultura narco. La autora explica que este fenómeno lingüístico tiene sus raíces en la crisis social y el surgimiento de la modalidad delincuencial como fuerza de trabajo que la cultura del narcotráfico trajo consigo (77). Por dicha razón, es común ver que las expresiones procedentes de esta jerga se organizan en grupos semánticos asociados con el crimen, el asesinato y la droga, entre otros. En el glosario que aparece en el libro de Alonso Salazar (1990), muchas de las palabras presentan una alteración semántica. Verbos como "acostar", "quebrar" u "organizar" significan asesinar; "limpiar" es matar a alguien indeseable y para la acción de robar se utilizan expresiones como "bajar" y "jalar" (Salazar, 1990, 167–177).

A diferencia de las crónicas de Salazar, la novela de Vallejo no presenta un glosario de las expresiones del "parlache", puesto que estas aparecen en la boca del narrador. Fernando hace pausas en su relato para explicar lo que dichas locuciones significan. Por tal razón, en este estudio se ha planteado que Fernando además de narrador cumple también con las funciones de traductor. A su vez, este papel de intérprete se enlaza con el perfil de Fernando como un vestigio de la "ciudad letrada", referido anteriormente. Rama explica que dentro del purismo lingüístico que caracterizó a la "ciudad letrada" los intelectuales desarrollaron un mecanismo que consistía en "la utilización de dos códigos lexicales paralelos y diferentes que origina un sistema de equivalencias semánticas" (1998, 48). Según el autor, dicho método simultáneamente convierte al letrado en un traductor, "obligándolo a apelar a un metalenguaje para reconvenir el término de un código a otro, entendiendo que están colocados en un orden jerárquico de tal modo que uno es superior y otro inferior" (1998, 49). Para ilustrar este procedimiento, Rama se remite a una carta de Carlos Sigüenza y Góngora dirigida al Almirante Pez y extrae algunos ejemplos: "'muchos elotes (son las mazorcas de maíz que aún no está maduro)' 'zaramullos (que es lo mismo que pícaros chulos)'" (1998, 49). En la novela de Vallejo, Fernando procede de manera similar al citar las palabras de Alexis: "'El pelao debió de entregarles las llaves a la pinta esa' [...] con el 'pelao' mi niño significaba el muchacho; con 'la pinta esa' el atracador; y con 'debió de' significaba 'debió' a secas: tenía que entregarle las llaves" (20). Aquí, el método de Fernando es traducir palabra por palabra y luego parafrasear la oración completa en un español formal. Además, el narrador omite el uso erróneo de preposiciones que cambian el significado de los verbos. En otro pasaje, Fernando describe un crimen de Alexis en estos términos: "Lo matamos por chichipato, por bazofia, por basura, por existir. Ah 'chichipato' quiere decir en las comunas delincuente de poca monta" (28). Vemos que el narrador ha incorporado en su léxico el repertorio de palabras de Alexis y, mezclándolas con su vocabulario, no se olvida de explicarle al lector lo que significa "chichipato".

Rama también observa que el uso de Sigüenza y Góngora de un metalenguaje explicativo reapareció dentro de la novela costumbrista en la forma de glosarios, puesto que los escritores tenían en mente un potencial lector peninsular. Asimismo, el crítico indica que cincuenta años después el cubano Alejo Carpentier propone el uso de este mecanismo para alcanzar a un lector foráneo o europeo. Según Rama, esta sugerencia muestra que incluso en el siglo XX el intelectual tenía consciencia de su marginación dentro de "las metrópolis europeas" (1998, 50). Podríamos decir entonces que esta inquietud sigue latente en el escritor de finales del siglo XX. En la obra de Vallejo, Fernando también interpela al lector extranjero en sus explicaciones: "En Manrique (y lo digo por mis lectores japoneses y servo-croatas) es donde se acaba Medellín y donde empiezan las comunas o viceversa" (108). Aunque el narrador no se refiere en este ejemplo a expresiones del "parlache", sí señala especificidades geográficas que solo un colombiano o un habitante de Medellín pueden conocer.

En el momento de traducir las expresiones del "parlache", Fernando intenta poner en un dialecto normalizado del español las intenciones comunicativas del sicario. El narrador como traductor de Alexis despliega un filtro mediador con el cual se aproxima a lo que el sicario quiere expresar. En un pasaje, el gramático despliega su rol de intérprete: "Un ejemplo: 'Entonces qué, parce vientos o maletas' ¿Qué dijo? Dijo: 'Hola hijo de puta'. Es un saludo de rufianes" (23). Aquí, Fernando capta que la expresión del sicario corresponde a un saludo, "entonces qué" equivale a un "hola ¿cómo estás?" Sin embargo, el narrador no traduce palabra por palabra y omite la traducción de la expresión "vientos o maletas" que, por su sonido, se podría inferir que corresponde a "bien o mal". El narrador opta por remplazar la palabra "parce", la cual es abreviación de "parcero" o amigo, por el insulto "hijo de puta", expresión que considera más apropiada para describir el saludo entre dos bandidos, en cambio de "amigo" que presenta un registro más formal. Es así como Fernando crea un nuevo texto intermedio entre el argot sicaresco y lo que en su opinión podría ser una expresión informal de un dialecto del español.

En otra escena, Fernando nuevamente se presenta como intérprete de Alexis y señala lo siguiente: "El fierro es el revólver. Yo al principio creía que era un cuchillo pero no, es un revólver. Ah transcribí mal las amadas palabras de mi niño. No dijo 'Yo te lo mato', dijo 'Yo te lo quiebro'. Ellos no conjugan el verbo matar: practican sus sinónimos. La infinidad de sinónimos que tienen para decirlo: más que los árabes para el camello" (25). Aquí el narrador exhibe además sus capacidades de etnolingüista; transcribe, reflexiona, reformula e incluso señala sus correcciones al descubrir el verdadero significado de las palabras del léxico de Alexis. Posteriormente, el gramático relata un episodio donde el sicario se salva de ser asesinado: "le habían dado un día 'una mano de changón' en su barrio. Qué es un changón preguntarán los que no saben como pregunté yo que no sabía. Era una escopeta a la que le recortaban el tubo, me explicó mi niño. ¿Y para qué se lo cortan? Que para que la lluvia de balines saliera más abierta" (25). Vemos que Fernando le da importancia al léxico y al recordar que inicialmente no sabía lo que era un "changón" precisa la necesidad de explicarle al lector que tal neologismo corresponde a un arma. Aunque el narrador no lo aclara, a partir de la descripción que Alexis aporta, el lector puede inferir que con la palabra "changón" el joven se refiere al vocablo inglés "shotgun", transferido y adaptado a una grafía y pronunciación del español.

Fernando, un vestigio del flâneur

El gramático, a la par de personificar un vestigio de la "ciudad letrada", también puede ser comparable al "flâneur" del siglo XIX. De principio a fin, en su relato el narrador se refiere a sus constantes recorridos por la ciudad a pie y en taxi. El "flâneur" decimonónico es definido a grandes rasgos como un paseante, observador y lector del emergente escenario urbano no solo del plano arquitectónico, sino de sus habitantes y costumbres (Pizarro Obaid, 93-94). Según Julio Ramos, la ciudad en el siglo XIX era apreciada por los escritores de dos maneras. Algunos de ellos consideraban la urbe como "un espacio utópico: lugar de una sociedad idealmente moderna"; en contraste, otros autores, entre ellos José Martí, asociaban la capital con "la representación del desastre, de la catástrofe, como metáforas claves de la modernidad" (221). Vemos así dos lecturas y opiniones totalmente opuestas en lo referente al concepto de ciudad. Asimismo, el crítico señala que la crónica modernista permite examinar dos maneras de mirar y representar la ciudad en el periodo finisecular. La primera encaja en la mirada de un sujeto que observa desde la distancia, desde una suerte de panóptico. La segunda manera de ver se asocia con el movimiento, el paseo y se registra en la crónica (33).

En Latinoamérica, la figura del "flâneur" aparece mayormente en la crónica modernista. Ramos dice que la crónica describe y se nutre del paseo o "flanería", a la que identifica como "un modo de entretenimiento distintivo de esas sociedades finiseculares, sometidas a una intensa mercantilización [...]. La flanería es corolario de la industria del lujo y de la moda en el interior de una emergente cultura del consumo" (233-234). Dorde Cuvardic García coincide con esta idea de Ramos y de manera similar examina la "presencia de la flanerie" en las crónicas de escritores como Julián del Casal y Amado Nervo, entre otros (60). Al estudiar el texto "Álbum de la ciudad" de del Casal, Cuvardic García nota que el paseante se detiene en una tienda para contemplar ciertos artículos hasta que percibe "el falso deslumbramiento producido por el espacio comercial" (61). Walter Benjamin examina textos de Baudelaire y Poe y rastrea la noción de "flâneur", al que interpreta como un arquetipo de la modernidad, del cual se sirve para plantear su punto de vista sobre el fetiche de la mercancía (Lauster, 139-140). Vemos así que la caracterización del "flâneur" latinoamericano dialoga con la del arquetipo benjaminiano en lo concerniente a la conciencia del lugar de la mercancía en la modernidad. Sin embargo, cabe aclarar que el "flâneur" de Latinoamérica no es idéntico al prototipo europeo. Kelly Comfort plantea que la escasa presencia del "flâneur" en la literatura latinoamericana se relaciona con la diferencia en el proceso modernizador y el cosmopolitismo de las urbes de Hispanoamérica en comparación con el europeo. Dice la autora: "wandering through the periphery was simply not the same as strolling through the metropolises of Paris or London—as well as the fact that they did not really have the superior social status, the freedom from social obligation and work, or the disengaged, disinterested, or dispassionate attitude that their pseudonymous identities or narrative personas professed" (2011, 135). A partir de esta observación, se podría decir que las circunstancias del entorno latinoamericano determinaron y dieron origen a un prototipo de "flâneur" particular.

Ramos afirma que en Latinoamérica "la flanería" se conectó con una manera de representar y narrar lo visto en la ciudad: "el sujeto privado sale a objetivar, a reificar el movimiento urbano mediante una mirada que transforma la ciudad en un objeto contenido tras el vidrio del escaparate. La vitrina, en ese sentido, es una figura privilegiada, una metáfora de la crónica misma como mediación entre el sujeto privado y la ciudad" (235). El crítico aquí presenta la crónica como una estantería que exhibe lo que el escritor capta de la urbe que recorre y observa. Por su parte, Cuvardic García detecta en los textos de Amado Nervo una relación con el "flâneur baudeleriano", aquel que se mezcla con la multitud y que intenta recuperar la memoria de la ciudad al recorrer el distrito histórico de la misma (64). Esta caracterización del "flâneur" en Nervo presenta ecos en el perfil de Fernando. El narrador, ubicado a finales del siglo XX, se inserta en la muchedumbre y deambula por Medellín diariamente; además, revisita los lugares que le recuerdan su infancia y un pasado idílico en la ciudad y en sectores aledaños.

En su estudio de *La virgen de los sicarios*, Jorgelina Corbatta identifica la presencia de un "flâneur" y desde la perspectiva de Michel de Certeau afirma que el sujeto que recorre una ciudad descifra y "se inscribe en el texto urbano". La autora también tiene en cuenta el proceso memorativo en donde el narrador recupera su pasado y lo contrasta con su presente (689–690). Asimismo, Jorge Joaquín Locane asocia la imagen de Fernando con un "flâneur", al que identifica como anacrónico, un sujeto que insiste en el contraste de la Medellín de sus memorias y la que encuentra en el presente. El autor señala además que el contexto de violencia en la ciudad contemporánea hace que el acto de flanería sea peligroso (91–92). En el presente estudio, identifico a Fernando como un sujeto que personifica un vestigio de aquel "flâneur" que existió en la época de la modernidad latinoamericana, el cual es moldeado por la distancia temporal y las particularidades contextuales que lo circundan en la ciudad de Medellín un siglo después. Incluso lo llamaré un "flâneur zombi", debido a las constantes referencias a los muertos-vivos que rodean a Fernando y que terminan transformándolo a él en uno de ellos.

Anteriormente referí que Ramos planteaba dos maneras en que los escritores de la modernidad concebían la ciudad: inicialmente como un espacio utópico y posteriormente como una zona de catástrofe. Por su parte Rama afirma lo siguiente: "cuando desde finales del XIX la ciudad es absorbida en los dioramas que despliegan lenguajes simbólicos y toda ella parece devenir una floresta de signos, comienza su sacralización por la literatura. Los poetas, como dijo el cubano Julián del Casal, son poseídos del 'impuro amor de las ciudades' y contribuyen el arborescente corpus en que ellas son exaltadas. Prácticamente nadie esquiva este cometido y todos contribuyen a la tarea sacralizadora" (1998, 80). El crítico plantea que hubo entre los escritores decimonónicos una fascinación por la imagen que les ofrecía la ciudad, la que los motivó a encumbrarla. Un texto de Nervo ilustra este fenómeno: "La mañana es luminosa. El sol enrojece los semblantes. Envuelta en el júbilo primaveral, esta bulliciosa ciudad de México parece más alegre que de ordinario. El campanilleo de los tranvías eléctricos, el incesante rodar de los vehículos, los mil gritos de la calle, toda esa sinfonía de la vida diaria suena más atolondrada bajo la ardiente sonrisa matinal" (en Cuvardic García, 64). Nótese aquí que el "flâneur" de Nervo describe la belleza que irradia tal ciudad y alude al ruido urbano como una sinfonía que transmite alegría. Sin embargo, esto podría obedecer a un ejercicio literario de embellecimiento de la ciudad. Ramos dice que el escritor modernista se convierte en una suerte de "maquillador" que cubría el ángulo peligroso de la urbe (20). La otra perspectiva, la de la catástrofe, es ilustrada por Ramos a través de los escritos de Martí: "En esta marejada turbulenta, no aparecen las corrientes naturales de la vida. Todo está oscurecido, desarticulado, polvoriento, no se puede distinguir, a primera vista, las virtudes de los vicios. Se esfuman tumultuosamente mezclados" (en Ramos, 222). Vemos aquí que el narrador martiano presenta una visión pesimista y decadente de la urbe.

Es posible afirmar que estas dos percepciones de los escritores finiseculares subsisten en la manera en que Fernando describe la ciudad de Medellín. En uno de sus recorridos, el gramático dice: "Algo insólito noté en la carretera: que entre los barrios nuevos de casas uniformes seguían en pie, idénticas, algunas de las viejas casitas campesinas de mi infancia, y el sitio más mágico del Universo, la cantina Bombay [...] con los mismos techos de vigas y las mismas paredes de tapias encaladas. Los muebles eran de ahora pero qué importa, su alma seguía encerrada allí y la comparé con mi recuerdo y era la misma" (13).

Fernando le describe al lector lo que ve en la ciudad de hoy, donde coexisten construcciones de su pasado y viviendas nuevas que forman los barrios actuales. Asimismo, el narrador percibe que en estos sitios reposa la esencia de su pasado y se refiere a tales lugares de manera positiva. En contraste, en otras instancias, Fernando expresa su desagrado por la ciudad y la multitud: "¿Las aceras? Invadidas de puestos de baratijas que impedían transitar. ¿Los teléfonos públicos? Destrozados. ¿El centro? Devastado. ¿La universidad? Arrasada. ¿Sus paredes? Profanadas con consignas de odio 'reivindicando' los derechos del 'pueblo'. El vandalismo por donde quiera y la horda humana: gente y más gente como si fuéramos pocos" (65). En este pasaje, la narración se opone a la visión del "flâneur" decimonónico que describía el paseo como una forma de diversión. Además, el gramático alude a la multitud como algo detestable. En sí, Fernando presenta un tono de descontento y decepción al describir la ciudad de Medellín.

En algunas instancias, el gramático contempla las comunas y halla belleza en ellas, a pesar de que en otros instantes las describe con desprecio y como un lugar miserable. Dice Fernando: "las comunas [...] las he visto de lejos, palpitando sus lucecitas en la montaña y en la trémula noche. Las he visto, soñado, meditado desde las terrazas de mi apartamento, dejando que su alma asesina y lujuriosa se apodere de mí. Millares de foquitos encendidos, que son casas, que son almas, y yo el eco, el eco entre las sombras. Las comunas a distancia me encienden el corazón como a una choza la chispa de un rayo" (30). En su contemplación, el gramático se refiere a estos barrios con agrado y en un lenguaje casi poético señala la manera en que sus luces lo conmueven. Pareciera que en su relato el narrador estuviera embelleciendo la periferia excluida de la ciudad, tal como lo hacían los escritores modernistas a través del "flâneur" de sus crónicas.

En todo el relato, Fernando se refiere constantemente a las comunas; dice que las conoce muy bien y recuerda cómo tras el asesinato de Alexis tuvo que ir allí para visitar a la madre de este joven. El recorrido del gramático por este territorio periférico evoca al "flâneur" decimonónico que divaga por los márgenes de la ciudad y al que Ramos identifica como un "cronista-paseante", creador de cuadros de la otredad (243). En uno de sus comentarios, el gramático se focaliza en las edificaciones: "casas y casas y casas, feas, feas, feas, encaramadas obscenamente las unas sobre las otras, ensordeciéndose con sus radios, día y noche, noche y día a ver cuál puede más, tronando en cada casa [...] ¿Cómo le hacía la humanidad para respirar antes de inventar el radio?

Yo no sé, pero el maldito loro convirtió el paraíso terrenal en un infierno" (56). Vemos nuevamente que Fernando alude a estos barrios como zonas caóticas donde impera el ruido. Además, expresa su queja respecto a la radio, invención de la modernidad que, según el gramático, no fue para beneficio, sino que destruyó su paraíso.

La poca tolerancia al ruido es otra característica que Fernando comparte con el "flâneur" decimonónico. Dice Ramos que en los textos de Gómez Carrillo el "cronista-flâneur, agobiado por el ruido urbano busca refugio", y es hallado en "las zonas de comercio de lujos" (235). Fernando, por su parte, para evadir el ruido de la ciudad pasa tiempo en las iglesias (23). Para el gramático, los sonidos urbanos le resultan un suplicio: "¿Tenía una compensación este tormento a que me sometía Alexis, mi éxodo diurno por las calles huyendo del ruido y metido en él?" (24). De esta manera, el narrador reitera su percepción de la ciudad que experimenta como un espacio de martirio. Por causa de sus constantes visitas a las iglesias, el narrador dice con precisión que la ciudad de Medellín tiene ciento cincuenta templos; además, interpela al lector sobre los nombres de los santos venerados en ellas, los cuales él puede identificar con convicción (53). Pareciera que los recorridos de Fernando no tienen tanto un sentido religioso, sino más bien son para él como visitas a museos, de ahí que identifique con exactitud las esculturas de los santos que reposan en tales santuarios.

Los muertos vivos y el flâneur zombi

En el relato de Fernando sobre Medellín, salta a la vista que la ciudad se construye con metáforas apocalípticas y referencias a la polución de sus espacios y de los grupos humanos (Díaz-Salazar, 285). El gramático inserta en su discurso descripciones escatológicas de los espacios que recorre: "En el forcejeo acabamos de caer al caño hundiéndonos por completo en la mierda, de mierda como ya estábamos hasta el alma" (78). Aquí, el narrador alude al estiércol que se mezcla con las aguas sucias que recorren la ciudad y que compone la esencia de los habitantes, entre ellos él mismo. Por otra parte, Díaz-Salazar plantea que los relatos también se refieren a una "sensación de amenaza" por causa de las transformaciones físicas de las urbes (285). Asimismo, Locane nota que los recorridos de Fernando, comparados con los del "flâneur" de modelo europeo, están llenos de obstáculos y riesgos (91). Dicha peligrosidad obedece a los cambios y al incremento de la violencia que azota las grandes ciudades latinoamericanas. El ciudadano se ve a sí mismo como "víctima en potencia", tal como lo define Susana Rotker: "[cualquier individuo] puede ser asesinado porque se quiere cobrar un rescate, porque sus zapatos son de marca, porque el asaltante [...] se le soltó un tiro. La víctima en potencia es de clase media [...] alta [...] pobre; es todo aquel que sale a la calle y tiene miedo" (en Pérez Sepúlveda, 7).

Por su parte, Fernando identifica a esta "víctima en potencia" como "el muerto vivo". Dice el narrador: "vivir en Medellín e ir uno rebotando por esta vida muerto. Yo no inventé esta realidad, es ella la que me está inventando a mí. Y así vamos por sus calles los muertos vivos hablando de robos, de atracos, de otros muertos, fantasmas a la deriva arrastrando nuestras precarias existencias, nuestras inútiles vidas, sumidos en el desastre" (76). Notamos aquí que el gramático admite cómo su entorno lo está afectando. Así se evidencia una transformación en la figura de paseante de Fernando, pues se nos presenta como una suerte de "flâneur zombi" debido a que en sus recorridos solo se encuentra con muertos y escenas de asesinatos que ya no lo inmutan, sino que han logrado desdibujar en él las fronteras de los vivos y los muertos. Desde el comienzo de su relato, Fernando alude a su cercana muerte y a los entornos que percibe como cementerios: "lo cerca que estoy de la muerte y sus gusanos. En fin, por ese apartamento de José Antonio, por entre sus relojes detenidos como las fechas en las lápidas de los cementerios, pasaban infinidad de muchachos vivos. O sea, quiero decir, vivos hoy y mañana muertos que es la ley del mundo, pero asesinados" (11). El narrador se refiere al apartamento de su amigo, donde conoce a Alexis y alude a "relojes detenidos", asociados con tumbas como símbolos de las vidas de los jóvenes sicarios que pronto serán segadas. En otro pasaje, el gramático y Alexis recorren un cementerio y Fernando describe a otro muchacho en estos términos tanatológicos: "el vivo muerto era el joven guardián de una tumba, y la tumba un mausoleo-discoteca con casetera sonando a todas horas para entretener en su vacío eterno [...] a una temible familia de sicarios allí enterrada" (70). Estas referencias revelan que el narrador ve a los jóvenes sicarios como muertos en vida debido a su profesión y al respectivo entorno violento en que se mueven.

Dentro de esa dinámica de los muertos vivos, uno de los jóvenes sicarios que Fernando conoce es identificado con el apodo El Difunto. Este personaje aparece como un mensajero para advertir a Fernando y a Alexis que los van a matar. El narrador cuenta la razón de ese seudónimo: "me volví a encontrar con El Difunto. Meses hacía que no lo veía, y lo noté muy recuperado, muy 'repuesto' [...] ¡El Difunto! Así llamado porque en un salón de billares lo encendieron a plomo y le empacaron cuatro tiros y murió pero no: cuando estaban en el velorio borrachos los parceros, abrazados al ataúd y cantándole [...] tumbaron el ataúd que al caer se abrió, y al abrirse salió el muerto: fue saliendo El Difunto pálido" (44). La anécdota, casi fantástica, refuerza el punto de vista del narrador respecto a cómo estos muchachos oscilan entre la vida y la muerte. Fernando relata que tuvo una relación sexual con este joven: "Al Difunto también me lo regalaron, recién salido del ataúd, y no eran sino los restos de lo que fue, del joven fornido y sano. Y ahora exangüe, anémico, fantasmal ... ¡Pero qué, quien se resiste a acostarse con el ahijado de la Muerte!" (43). Aunque el tono del narrador se percibe como cómico o irónico, constituye su manera de argumentar o reforzar su punto de vista respecto a la muerte prematura de estos jóvenes y al alto índice de mortalidad que entre ellos existe. Lo que a su vez denota la decadencia de la sociedad percibida por Fernando.

Progresivamente, el gramático comienza a verse a sí mismo como un "muerto-vivo": "Vagando por Medellín, por sus calles, en el limbo de mi vacío por este infierno, buscando entre almas en pena iglesias abiertas, me metí en un tiroteo [...] Y seguí por entre las balas que me zumbaban en los oídos como cuchillas de afeitar. Y yo pensando en el viejo verso ¿de quién? 'Oh muerte ven callada en la saeta'. Pasé ileso, sano y salvo" (24). En la descripción de su recorrido, el narrador alude a términos asociados con la muerte en la doctrina católica. El limbo, un lugar donde se encuentran los infantes muertos y que, en el caso del narrador, puede ser interpretado como un estado de inmutabilidad en que él se halla. Asimismo, Fernando se refiere a las "almas en pena", las cuales se asocian con sujetos en un estado fantasmal que deambulan en el mundo de los vivos. El gramático no se impresiona con la balacera que presencia; por el contrario, piensa en un verso anónimo que puede ser interpretado como una invocación a la muerte. Las balas no lo asustan ni lo tocan, tal vez porque ya Fernando se percibe como muerto-vivo. Toda esta escena describe la desensibilización del narrador ante el peligro de la ciudad y la misma muerte.

Un día antes del asesinato de Alexis, Fernando dice: "Puedo establecer, con precisión, en qué momento me convertí en un muerto vivo" (76). El gramático procede a narrar la manera en que con mucho dolor tuvo que asesinar un perro callejero que estaba agonizando en un caño de aguas sucias de la ciudad. En ese momento, el narrador manifiesta: "entendí que la felicidad para mí sería en adelante un imposible, si es que acaso alguna vez antaño, en mi ayer remoto, fue una realidad, escurridiza, fugitiva [...] yo ya no quiero vivir" (78). Vemos que, en ese instante, Fernando comprende que en su entorno es imposible hallar felicidad y duda que la que haya disfrutado en el pasado fuera real; por lo tanto, no ve sentido en su existencia. Hacia el final de la novela, el narrador establece por un corto período de tiempo una relación con Wilmar, sin saber que es el asesino de Alexis. Este muchacho también es asesinado y Fernando, después de reconocer su cuerpo en el anfiteatro, concluye su relato deambulando por la ciudad. El narrador dice: "por entre los muertos vivos, caminando sin ir a ninguna parte, pensando sin pensar tomé a lo largo de la autopista. Los muertos vivos pasaban a mi lado hablando solos, desvariando [...] Abajo corrían los carros enfurecidos, atropellando, manejados por cafres que creían que estaban vivos, aunque yo sabía que no" (120). En su estado de muerto vivo, el gramático es consciente de que nadie a su alrededor está ya vivo, sino que las personas se han convertido en zombis acostumbradas a vivir en una ciudad azotada por la violencia y el asesinato. En el cierre de la novela, narrador emprende camino hacia la terminal de transportes, con lo cual no queda claro si seguirá su errancia como "flâneur zombi" o si está escapando de la ciudad.

En este estudio propuse una lectura de *La virgen de los sicarios* focalizada en la figura del narrador y sus tránsitos por su ciudad natal. Señalé cómo Fernando en su discurso deja en claro su posición privilegiada frente a grupos marginados, como lo es el círculo de sicarios con que él interactúa. Vimos que aunque el gramático termina adoptando palabras del "parlache", la jerga de estos jóvenes, no deja de resaltar la distancia cultural que los separa, lo que a su vez revela una dinámica de dominador-dominado entre Fernando y el sicario por causa del capital intelectual y material que el gramático posee. Incluso, en el relato se percibe una cosificación dual del sicario: como objeto sexual e instrumento asesino. Asimismo, analicé aquí cómo Fernando, al identificarse como el último gramático colombiano y al alinearse con el perfil de José Rufino Cuervo, personifica un vestigio de la "ciudad letrada" teorizada por Ángel Rama, y que en Colombia se presenta dentro del proyecto político de la Regeneración. Simultáneamente, dentro de este concepto de la "ciudad letrada" examiné cómo, a lo largo de su relato, Fernando cumple la función de intérprete o traductor del argot del sicario. Dicho ejercicio replica un mecanismo usado por letrados en tiempos coloniales y luego por escritores costumbristas para aclarar términos a lectores extranjeros. Por último, señalé cómo el narrador personifica un residuo del "flâneur" que los cronistas de la modernidad latinoamericana incorporaron en sus textos. Concretamente, la novela de Vallejo nos presenta un prototipo de "flâneur zombi" o un vivo muerto, producto de la normalización de la violencia en la ciudad de Medellín a finales del siglo XX, lo que denota una crítica a la decadencia de la sociedad colombiana y al fracaso del proyecto modernizador.

Obras citadas

Abad Faciolince, Héctor. 2008. "Estética y narcotráfico", *Revista de Estudios Hispánicos* (42): 513–518.
Alape, Arturo. 2000. *Sangre ajena*. Bogotá: Planeta.
Bahamón Dussán, Mario. 1988. *El sicario*. Cali: Orquídeas.
Bourdieu, Pierre. 2000. *Intelectuales, política y poder*. Buenos Aires: Eudeba.
Camenen, Gersende. 2013. "La biblioteca de Fernando Vallejo: imaginarios lingüísticos y prácticas de la escritura", *Revista de Crítica Literaria Latinoamericana* (39, 78): 95–108.
Castañeda, Luz Stella. 2005. "El parlache: resultados de una investigación lexicográfica", *Forma y Función* (18): 74–101.
Close, Glen. 2009. "Rosario Tijeras: Femme Fatale in Thrall", *Revista de Estudios Hispánicos* (43): 301–319.
Collazos, Óscar. 1997. *Morir con papá*. Bogotá: Seix Barral.
Comfort, Kelly. 2011. *European Aestheticism and Spanish American Modernismo. Artist Protagonist and the Philosophy of Art for Art's Sake*. Basingstoke, Hampshire: Palgrave Macmillan.
Corbatta, Jorgelina. 2003. "Lo que va de ayer a hoy: Medellín en *Aire de tango* de Manuel Mejía Vallejo y *La virgen de los sicarios* de Fernando Vallejo", *Revista Iberoamericana* (69, 204): 689–699.
Cuervo, Rufino José. 1886. *Diccionario de construcción y régimen de la lengua castellana*. París: Roger Y. F. Chernoviz. En línea: https://archive.org/details/diccionariodecon01cueruoft/page/n7. (Consulta 20 de agosto de 2020).
Cuvardic García, Dorde. 2010. "El flâneur y la flanerie en las crónicas modernistas latinoamericanas: Julián del Casal, Amado Nervo, José Martí, Manuel Gutiérrez Nájera y Arturo Ambrogi", *Filología y Lingüística* (36, 2): 59–86.
Davis, Mike. 2004. "Planeta de ciudades-miseria. Involución urbana y proletariado informal", *New Left Review* (26): 5–34.
Díaz-Salazar, Victoria Orella. 2008. "Más allá de la ciudad letrada. El intelectual, la ciudad y la nación en *La virgen de los sicarios*, de Fernando Vallejo", *Cauce. Revista Internacional de Filología y su Didáctica* (31): 275–292.

Franco Ramos, Jorge. 1999. *Rosario Tijeras*. Buenos Aires: Planeta.

Jácome, Margarita. 2009. *La novela sicaresca, testimonio, sensacionalismo y ficción*. Medellín: Universidad de EAFIT.

Jaramillo, María Mercedes et al. 2000. *Literatura y cultura. Narrativa colombiana del siglo XX*. Bogotá: Ministerio de Cultura.

Lauster, Martina. 2007. "Walter Benjamin's Myth of the Flâneur", *Modern Language Review* (102): 139–156.

Locane, Jorge Joaquín. 2012. "*La virgen de los sicarios* leída a contrapelo: para un análisis del flâneur en tiempos de aviones y redefinición del espacio público", *Calle 14* (7, 9): 88–99.

Melgarejo Acosta, María del Pilar. 2010. *El lenguaje político de la Regeneración en Colombia y México*. Bogotá: Opera Eximia.

Mocchi, Soledad. 2014. "Crisis de la modernidad en *La virgen de los sicarios*, de Fernando Vallejo", *Narrativas. Revista de Narrativa Contemporánea en Castellano* (32): 19–27.

Montoya, Óscar. 2013. "*La virgen de los sicarios* de Fernando Vallejo: disolución narrativa de los discursos de la violencia en Colombia", *Revista Iberoamericana* (79, 224): 969–987.

Pérez Sepúlveda, Andrés. 2014. "*La virgen de los sicarios*: presentación antitética de la modernidad colombiana", *Razón y Palabra* (85): 1–17.

Pizarro Obaid, Francisco. 2012. "*El hombre de la multitud y el pintor de la vida moderna*: la influencia de Edgar Allan Poe en la construcción del concepto de modernidad de Baudelaire", *Revista Chilena de Literatura* (81): 91–106.

Pobutsky, Aldona. 2010. "Romantizando al verdugo: las novelas sicarescas *Rosario Tijeras* y *La virgen de los sicarios*", *Revista Iberoamericana* (76, 232): 567–582.

Pratt, Mary Louise. 2011. *Ojos imperiales. Literatura de viajes y transculturación*. Buenos Aires: Fondo de Cultura Económica.

Rama, Ángel. 1998. *La ciudad letrada*. Montevideo: Arca.

———. 2008. *Transculturación narrativa en América Latina*. Buenos Aires: El Andariego.

Ramos, Julio. 2009. *Desencuentros de la modernidad en América Latina: literatura y política en el siglo XIX*. Caracas: El perro y la rana.

Romero, José Luis. 2001. *Latinoamérica: las ciudades y las ideas*. Buenos Aires: Siglo XXI.

Rosas Crespo, Elsy. 2003. "*La virgen de los sicarios* como extensión de la narrativa de la transculturación", *Espéculo. Revista de Estudios Culturales* (24): 1–11.

Salazar, Alonso. 1990. *No nacimos pa' semilla. La cultura de las bandas juveniles de Medellín*. Bogotá: CINEP.

———. 1996. *La génesis de los invisibles. Historias de la segunda fundación de Medellín*. Bogotá: Antropos.

Sennett, Richard. 2007. "La ciudad abierta", *Otra Parte* (11): 26–32.

Solarte González, Ruth. 2018. "Entre el cuerpo sometido y la ilusión del cuerpo que resiste: la mujer sicaria en el narco-patriarcado de Rosario Tijeras", *Cincinnati Romance Review* (44): 66–82.

Tisnés, Robert María. 1989. "Rufino José Cuervo y Medellín", *Thesaurus. Boletín del Instituto Caro y Cuervo* (44, 2): 429–434.

Vallejo, Fernando. 2001. *La virgen de los sicarios*. México: Alfaguara.

———. 2011a. "En el principio era el cuervo". *Revista Arcadia*. Entrevista por Camilo Jiménez Estrada. En línea: https://www.revistaarcadia.com/libros/articulo/fernando-vallejo-rufino-jose-cuervo-literatura-colombia-feria-del-libro/54058/ (Consulta 27 de agosto de 2020).

———. 2011b. *Logoi. Una gramática del lenguaje literario*. México: Fondo de Cultura Económica.

———. 2012. *El cuervo blanco*. Madrid: Alfaguara.

Arts from the Postcolonial Republic
Experimental Typography and the Translation of Western Enlightenment in Simón Rodríguez

Emmanuel A. Velayos Larrabure
The City University of New York, CUNY Hostos Community College[1]

On Cultural Translation

Dónde iremos a buscar modelos?...
–La América Española es *original* = ORIGINALES han de ser sus Instituciones y su Gobierno = y ORIGINALES los medios de fundar uno y otro.
O Inventamos o Erramos

(Rodríguez, 1990, 88)

---

1. Emmanuel A. Velayos Larrabure is a tenure-track Assistant Professor at The City University of New York, CUNY Hostos Community College, where he teaches courses exploring the history, politics, and cultural diversity of Latin American and Caribbean peoples and their diasporas. His research explores the relationship between lettered and performative cultures in Latin America, through the lenses of media aesthetics, postcolonialism, and race studies. He has published articles about media experiments and the embodied dimension of intellectual practices in *Hispanic Review*, *Revista Hispánica Moderna*, *Revista de Crítica Literaria Latinoamericana*, and *Decimonónica*. He has received the 2020 LASA Best Article in the Nineteenth Century Award, presented by the Latin American Studies Association, and the 2018 Sylvia Molloy Award for Outstanding Dissertation from NYU. Support for this project was provided by a PSC-CUNY Award, jointly funded by The Professional Staff Congress and The City University of New York.

IN THIS QUOTATION FROM *Sociedades americanas* (1828), the Venezuelan pedagogue and philosopher Simón Rodríguez (1769–1854) dismissed the engagement with any established foreign and local model in designing the institutions and the form of government of postcolonial Spanish American countries. The ellipsis that follows the rhetorical question about where to find models highlights the absence of proper paradigms to look at and sets the tone for Rodríguez's proposal: Spanish Americans needed to invent their institutions and forms of government. He stresses the innovative character of his proposal by changing the lettering and case of keywords and centering them, graphic means he recurrently deployed in a non-linear and non-systematic fashion to single out the dynamism and originality of his ideas on the page. Note that Rodríguez does not posit that postcolonial subjects were to find in their cultural and social customs the input from where to create their political order. Instead, he claimed that everything needed to be invented from scratch. For him, the postcolonial condition of Spanish America was such a novel and unprecedented situation that the cultural and political structures of the region needed to be constructed anew. Describing how this sense of originality was replicated in educational, lettered, and political discourses of 19th-century Latin America, the critic Juan Poblete observed "la superabundancia de planes que intenta[ban], uno tras otro, cambiarlo todo, desde las costumbres hasta los regímenes políticos, pasando entre otras cosas por los sistemas y textos de educación" (11). In such a way, Rodríguez expressed the desire of inventiveness and newness that permeated the postcolonial lettered production of the region.[2]

However, Rodríguez's fascination with postcolonial innovation did not lead him to dismiss the appropriation and refashioning of Western culture and politics altogether. Despite his dismissal of all established paradigms in *Sociedades americanas*, Rodríguez ventured a less radical approach to the relationship between European models and Spanish American cultural formations in *Defensa de Bolívar* (1830). The text was a straightforward defense of the republican political thought of Simón Bolívar, Rodríguez's most

---

2. Some key figures of that 19th-century lettered production centered on newness and innovation are Argentinian Juan Bautista Alberdi (1810 -1884), Cuban Juan Francisco Manzano (1797–1844), Chilean José Victorino Lastarria (1817–1888), Argentinian Domingo Faustino Sarmiento (1811–1888), Nicaraguan Rubén Darío (1867–1916), and Brazilian Euclides da Cunha (1866–1909).

important pupil. Praising his pupil's creative engagement with Western republicanism, the savant claimed that

> [l]a América está llamada (si LOS QUE LA GOBIERNAN LO ENTIENDEN) a ser el modelo de la buena sociedad, sin más trabajo que adaptar. Todo está hecho (en Europa especialmente). Tomen lo bueno—dejen lo malo—imiten con juicio—y por lo que les falte INVENTEN. (Rodríguez, 1916, 102)

Here there is no opposition between the appeal of European political paradigms and the need to invent new political systems in America. Instead, Rodríguez suggests that Spanish Americans were to discretionally take the elements from European civilization that they found useful and "good" and discard those aspects that they found "bad." To replace the discarded elements, they would also need to "INVENT" new ones. While this need for inventions is highlighted in capital letters, the new devices would not start from scratch: they would be part of an all-encompassing process of cultural translation, like Bolívar's take on classical and modern republicanism.[3] The last passage complicates the idea that in Spanish America everything needed to be imagined from the ground up. Instead, Rodríguez suggests that everything needed to be adapted with some adjustments and inventions. Does this suggest a contradiction in Rodríguez's take on Western cultural paradigms? Did the quoted passages express conflicting approaches to the utility of Western models in the development of Spanish American cultural practices and institutions?

Rather than conveying opposite meanings, those quotations address different but complementary aspects of the process of appropriation and refashioning of European cultural models in postcolonial Spanish America. The passage from *Defensa* illustrates the desire to engage strategically with foreign models, that is, to plan meticulously which elements of those models to take and which of them to discard. Such an approach to the adaptation and translation of European culture in the region highlights the virtuosity

---

3. In regards to the influence of classical and modern republicanism in the political thought of Simón Bolívar, Anthony Padgen stressed the relevance of culture in Bolívar's take on Enlightened politics. As Padgen claims, Bolivar took inspiration from "Montesquieu's main argument–that all political arrangements must be adapted to the culture and climate of the communities for which they are intended" (148).

of Latin American intellectuals and statesmen in selecting the best qualities of that culture to create a superior version of it. The careful refashioning of European civilizing patterns would create new models that Western societies were to admire and, potentially, imitate.[4] However, the realization of such a portentous project in concrete processes is far away from being just a methodic and systematic endeavor. Instead, this enterprise leads to experimental and open-ended practices through which Latin American savants develop their means of knowledge production, intellectual self-fashioning, and institution building. From this perspective, models are not as important as the creative ways to repurpose and recast them to invent new cultural practices. Hence, the dismissal of established models and the embracing of radical originality in *Sociedades americanas*.

Rodríguez's approach to the written speech is exemplary of the original and unexpected outcomes in the recasting and repurposing of Western culture. He engaged with philosophical debates on the origins of language, projects on alphabetic and spelling reform, and the most innovative typographic practices of the time. Yet, rather than adapting these referents systematically, he produced a unique and open-ended recasting of them to develop an original approach to the visuality of writing. He used all the space of the page to distribute words and visual characters in a non-linear and extemporaneous fashion, assembling chunks of text with curly brackets, dashes, and other visual devices. This resulted in spontaneous arrangements of words that displayed the untamed creativity of this thought.

This article analyzes Rodríguez's original recasting of enlightened writing and printing modalities as a cultural translation of incessant creativity. In examining cultural translation and inventiveness as complementary categories, I take inspiration from Rodríguez's aforementioned quotes and Barbara Cassin's recent theorization on cultural and philosophical translation. Reflecting on the never-ending task of translating pre-Socratic texts, Cassin regards their untranslatability as a trigger for an incessant dynamic of sense-making, for one always "keeps on (not) translating" these texts (XVII). This unfinished and endless character of philosophical interpretation is at play in cultural translation. In that way, the transfer of terms and practices

---

4. In this fashion, the implicit desire of Latin American "imitations" of European models would be taken for models that the Europeans are to follow. As the Brazilian critic Silviano Santiago puts it, "the copy is more real than the real when it becomes capable of 'influencing' the model" (23).

from one language to another, from one philosophical system to another, and from one culture to another, can lead to an incessant, never-ending dynamism. What cannot be fully translated or adapted a to new cultural and linguistic scenario, is what never ceases on being translated through neologisms, creative appropriations, and unforeseen sense-making.[5] Against this conceptual background, there is no contradiction between Rodríguez's commands to avoid the imitation of foreign models, to produce original practices, and to creatively engage in the refashioning of European models.

This essay focuses on how Rodríguez explored philosophical debates on alphabetic reforms and typesetting innovations to develop his unique approach to the written speech and the value of the printed word in postcolonial Spanish America. I begin by discussing some key assessments of Rodríguez's intellectual persona that cast light on the graphic and dynamic features of his writing. I then discuss his expressive and performative take on the visual and material elements of writing against his recasting of spelling debates and typesetting innovations. I argue that the dynamic and embodied character of Rodríguez's work is at the core of how he refashioned enlightened cultural practices to advance his graphic experiments with the written speech. Overall, I propose that Rodríguez's take on Western enlightenment was an attempt at exploring the early postcolonial experience as the beginning of a new era of innovations and cultural experimentation for Spanish American societies.

A Bizarre Savant

Rodríguez has been widely regarded as an awkward figure who sparked the surprise and mockery of his contemporaries. He is famously known for the irreverent gesture of using a collection of bedpans to throw a banquet in honor of the President of Bolivia, José Antonio de Sucre (Lastarria, 56). This emphasis on his awkwardness has hindered a serious analysis of how he explored the Western cultural and intellectual milieus of his time. Yet he was a seasoned enlightened figure who vividly frequented European academic circles of the late 18th and early 19th centuries. After a short-living experience as a schoolteacher in Venezuela, Rodríguez left his homeland in 1797 and spent more than two decades traveling throughout Europe (Rumanzo,

---

5. Alessandra Russo has productively deployed Cassin's theorization on cultural translation for the study of the refashioning of Western visual culture in colonial Spanish American arts (Russo, 1–15).

28–38; Morales Gil, 309–35). There he familiarized himself with enlightened theories on the written speech and experimented with printing innovations to create a distinctive way of writing and printing that informed the lettering of his publications. His texts presented different typefaces, changed the case of some words, and linked hunks of text through punctuation marks, curly brackets, and dashes:

PARALELO entre

la LENGUA	y	el GOBIERNO.
1. El dogma de cualquier lenguaje es *Hablar para entenderse*		1. El Dogma de esta función es… *Llevar una o más acciones a un fin determinado.*
Y el de una lengua nacional es que…		Se supone como principio fundamental, que *gobernar* no es un acto simple; sino la reunion de cuatro actos contraídos a un solo objeto.
todos los nativos { la articulen la canten la construyan y la escriban } del mismo modo		ordenar dirigir regir y mandar
2. En la Sintaxis reposa principalmente el Dogma.		2. En el regimen reposa principalmente el Dogma
la Ortología y la Prosodia } son de Disciplina		La disciplina del Gobierno es… *mantener en vigor la acción particular* y *en buen orden la acción general.* Su economiá es *proteger la acción.* No se protege sin *ayudar,* y se ayuda de cuatro modos.
La Ortografía es de Economía.		designando y asignando } movimientos guiando en unos casos y conduciendo en otros. } a los agentes.

(Rodríguez, 1990, 11)

Rodríguez conceived such a peculiar lettering style as "el arte de pintar palabras" (1990, 14), a graphic means of representing the expressive and performative components of oral speech and of engaging his pupils in an active way of reading. On this point, the Chilean writer, José Victorino Lastarria (1817–1888) recalled that Rodríguez aimed at developing in his writings "[la] manera [en] que la escritura representara gráficamente, por el tamaño, forma y colocación de las frases, la importancia de las ideas, para que la lectura la anotara por medio de las inflexiones de la voz" (53). However, Lastarria also stated that Rodríguez's writings "fue[ron] desdeñad[os] después de haber despertado las sonrisas de los curiosos [...] [S]u claridad [...] casi desaparecía bajo las formas plásticas de su lenguaje y de su escritura, que chocaban con su extrañeza" (54). By the same token, another 19th-century Chilean writer, Miguel Luis Amunátegui (1828–1888) asserted that Rodríguez "gast[ó] todo el papel necesario para ayudar al lector a descifrar los conceptos [...] valiéndose para ello de llaves, puntos suspensivos, tipos diversos por la forma y el tamaño" (272). Still, according to Amunátegui, such profusion of visual elements "confund[ían] en vez de ilustrar" (275).

Despite these derisive comments on the shocking and puzzling character of Rodríguez's "art of painting words", there was a deep correspondence between how Rodríguez expressed himself in public and the lettering of his works. Even Lastarria noted that the Venezuelan used to talk "con el énfasis y las entonaciones elegantes que [...] enseñaba a pintar en la escritura" (57). As a public speaker, Lastarria was particularly attentive to the performatic elements of the lettered culture. Thereby, in witnessing Rodríguez's mannerisms, the Chilean writer could not help but notice that his distinct gestures and bodily expressions were related to the lettering of his texts. Amunátegui also stated that Rodríguez's intellectual pursuits and facial expressions were so edgy that a phrenological examination "habría descubierto en su cerebro el órgano de la locomoción" (234). On a different note, The Venezuelan Arístides Rojas (1826–1894) asserted that Rodríguez was characterized by "[l]a actividad del cuerpo y del pensamiento, en imperio de la voluntad [...] [que] revela en muchísimos casos una labor intelectual que busca soluciones armónicas" (1972, 218). Motivated by the importance of bodily gestures and poses for the self-fashioning of *modernista* authors, Rojas underwrote Lastarria's and Amunátegui's commentaries in positive terms (Molloy, 41–50).

This performative and embodied dimension of Rodríguez's "painting of words" has not been noted in Ángel Rama's canonical reading of the Venezuelan's work. In *La ciudad letrada* (1984), Rama sustained that "Simón

Rodríguez propuso, no un arte de escribir, sino un arte de pensar, y a este supeditó la escritura [...] con el fin de distribuir en el espacio la estructura del pensamiento" (66–67). In missing this embodied aspect of Rodríguez's thinking, Rama conceives Rodríguez as the translator of an abstract process (thought) into an abstract system of representation (writing). While Rama acknowledged the challenge that Rodríguez's writing posed to the intellectuals of the time, he still regarded the Venezuelan pedagogue as trapped within lettered conventions.

In contrast, in her analysis of Rodríguez's work, Jossianna Arroyo has moved beyond the image of the Venezuelan as a schematic thinker and has tried to underscore the expressive and aesthetic elements of his writing. She has stated that *Sociedades americanas* "puede considerarse hoy, si analizamos su estilo de impresión, el uso de las letras, el uso de itálicas y mayúsculas, como un texto vanguardista" (38).[6] While this parallelism between Rodríguez's writing and the modernist avant-garde is anachronistic, it sheds light on the performative and expressive components of Rodríguez's writing.[7] Likewise, the Argentine philosopher León Rozitchner highlighted this embodied dimension of Rodríguez's work, positing that the "art of painting words" was not only an intellectual task but also a sentient operation: "¿Qué quiere decir 'pintar con palabras'? Pintamos al hablar y escribir porque hemos puesto todo el ser, sensible y pensante, en juego" (87). This embodied and expressive character of Rodríguez's work is at the core of his "arts of painting of words" and, as we shall see, it is key to understanding how he refashioned enlightened writing reforms and printing practices.

Writing Reforms and New Alphabets

Rodríguez argued that his "art of painting words" was divided into two main tasks: "Pintar las palabras con signos que representen la boca" and "Pintar los pensamientos en la forma en que se conciben" (1990, 39). On the one hand, the visual representation of words was to represent the process of

---

6. Rama also compared Rodríguez's pedagogical experiment to Mallarmé's poetics (49).

7. However, Ronald Briggs has related Rodríguez's typographic experiments to a 19th-century avant-garde that was quite different from the modernist one. This earlier avant-garde followed Saint-Simon's principle that art needed to be in service of social and political goals (Briggs, 161–184).

pronouncing them; on the other hand, the writing of thoughts needed to depict graphically the procedures by which thinking emerges. This correspondence between written form, pronunciation, and thinking was an old principle in the Hispanic orthographic though. The orthographic reforms accompanying Spanish Imperialism also sought to establish organic connections between lettering, pronunciation, and the functioning of thought. In his *Reglas de ortografía* (1517), Antonio de Nebrija –the most prominent Spanish grammarian– argued that "afsi tenemos de efcrevir como hablamos i hablar como efcrivimos" (14). Nebrija posited that the correspondence between pronunciation and the written form was grounded in the correspondence between reality and thought: "afsi como los Conceptos del entendimiento refponden a las Cofas que entendemos: i afsi como las Boces i palabras refponden a los Conceptos: afsi las Figuras de las Letras han de refponder a las Boces" (13). What is implied here is that, for Nebrija, there was a structural isomorphism between the visual signs of writing (the Roman alphabet), the sounds of words (pronunciation), and the concepts of human understanding (thinking).

Ronald Briggs has asserted Nebrija's orthographic thinking was the background of Rodríguez's proposal of an "art of painting words" that would accommodate better pronunciation and thought processes (145). In fact, Rodríguez also referred to the visual organization of his texts as an "ortografía" (1990, 53). He took the phrase to call his typographic experiments from the 1823 proposal of orthographic reform by Juan García del Río and Andrés Bello. In their "Indicaciones sobre la conveniencia de simplificar y unificar la ortografía en América," these authors regarded the simplification of writing as a new way of "pintar las palabras" (262).[8] In calling the lettering of his publications with terms associated with the Hispanic tradition of orthographic reforms, Rodríguez stressed the founding principle of that tradition, that is, that any reform in the written form should seek to represent oral communication and thought processes more adequately.

Yet Rodríguez's awareness of the spelling and alphabetic debates in enlightened European intellectual circles broadened his "orthographic" reflections

---

8. However, Susana Rotker opposes Rodríguez's conception of language to that of Bello: "Rodríguez obsession with how one reads and especially with how one speaks differs from that of Andrés Bello, for whom orthography should legitimize what is written" (1999, 124).

and his notion of pronunciation beyond the scope of the Hispanic tradition. Briggs has also related Rodríguez's emphasis on pronunciation to North American spelling reforms, proposing a link between the linguistic concerns of the Venezuelan pedagogue and those by Noah Webster (138–162).[9] The tracing of specific influences in the Venezuelan's thought is a delicate matter, as Rodríguez was not keen on acknowledging the authors and thinkers that inspired his thought. Faced with this difficulty, Briggs tentatively placed Rodríguez's language and political experiments within a hemispheric intellectual landscape. Still, this hemispheric approach does not consider the proposals of orthographic and alphabetic reform that circulated throughout Europe from the mid-18th to the early 19th centuries. These proposals were common topics of intellectual discussion when Rodríguez visited Europe and, thereby, must have inspired his formulation that the written form needed to accommodate pronunciation.

Almost three centuries after Nebrija's orthographic reforms, enlightened European thinkers also sought to reform Western writing systems to better represent pronunciation. Yet, there were different perspectives on what pronunciation meant and on what its graphic representation should look like. Jean-Jacques Rousseau's argued in his *Essay on the Origins of Languages* (1781) that the best writing systems were those closer to pronunciation systems. According to him, "[t]he older and more original a language is, the less arbitrary its pronunciation, and consequently, the less complicated the signs for indicating that pronunciation" (27). Rousseau's notion of pronunciation mostly comprised the sound of words and was instrumental for him to connect the prosody of languages to melody and musical harmony. In contrast, French Charles De Brosses considered that pronunciation was the result of physiological movements, rather than just the sounds produced by those movements. Therefore, De Brosses proposed in his *Traité de la Formation*

---

9. Briggs compares Rodríguez's emphasis on language reform with the spelling reform proposal by North American lexicographer Noah Webster. As Briggs argues, "[i]f Spain and Britain ruled the Spanish and English publishing industry and remained the locus for literary taste-making, this reservoir of linguistic authority also proved an inviting target for reformers such as Webster and Rodríguez, who could at once show their prowess in understanding and manipulating their native tongue while making the argument that its future evolutionary development would take place in the New World rather than in the Old" (139).

Mécanique des Lettres (1765) a new alphabet and a new writing system grounded in the depiction of facial gestures: his marks designated nose, lips, tongue, and teeth as the base of what he termed an "organic alphabet" (213). In doing so, De Brosses's posited that writing signs needed to graphically represent the succession of the movements of the mouth when pronouncing words. Besides, he conceived his alphabet of facial gestures as fully applicable to all the existing languages [Fig. 1]. Such conception of writing that renders facial gestures as fully codified notations takes us back to a pre-Saussurian horizon of reflections on the corporality of language, a horizon in which the abstract and arbitrary relationship between phonetic and written signs had not already established as a linguistic dogma.[10]

In that pre-Saussurian horizon, there were other enlightened authors that, without taking De Brosses's radical path of creating a new alphabet, regarded conventional Western alphabets as pictographic expressions of bodily movements. For instance, in *Conjectural Observations on the Origins and Progress of Alphabetic Writing* (1772), English Charles Davy argued that the graphic forms of letters mimicked the way the mouth pronounced them. For him, Greek "O-mega exhibited the hollow of the mouth in profile" and "Beta was a delineation of the lips in profile" (87) [Fig. 2]. Likewise, French Abbé J. Marie Moussaud stated in his *L'Alphabet Raisonné ou Explication des Lettres* (1803) that Roman letters were images of the organs of speech or of the movement of air produced by those organs [Fig. 3].[11] Except for De Brosses, these

---

10. Deleuze and Guattari described such arbitrary relationship as a central postulate of modern linguistics: the idea that "there is an abstract machine of language that does not appeal to any extrinsic factor" (85). In the fourth chapter of *A Thousand Plateaus: Capitalism and Schizophrenia* (1987), those French philosophers articulated a comprehensive critique of the disembodied and abstract postulates of modern linguistics.
11. In presenting the letters of the conventional alphabets as the result of bodily processes, these authors sought to infuse those letters with meanings. As Patricia Crain has argued, "[t]he verbal and visual tropes that surround the alphabet cloak the fact that the unit of textual meaning–the letter–lacks meaning itself [...] Alphabetic characters in pedagogical alphabets are arrayed in certain configurations, in conjunction with other signs, with images and texts. These accessories give the meaning-free alphabet a mask of sense. The features of the alphabet's mask change over time, drawn as they are from a cultural moment's fund of meaningfulness" (18).

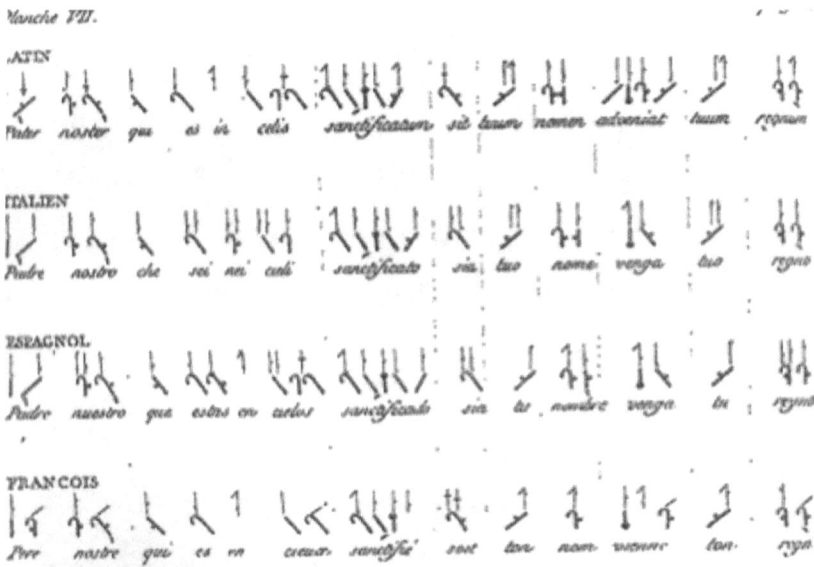

FIG. 1. Charles De Brosses' schematic diagram for his organic alphabet in *Traité de la Formation Mécanique des Lettres*

authors were just concerned with the units of the alphabet and none of them would have tried to represent complete words or sentences as facial expressions or bodily movements. It was clear to them that any attempt at showing in writing the gestures produced in the pronunciation of complete words and phrases would lead to a radical break with Western alphabets, as in De Brosses's case.[12]

In contrast, Rodríguez considered that writing was not only to represent the pronunciation of complete words but also the processes by which complex grammar structures and thoughts were conceived. First, it is necessary to unpack Rodríguez's concept of pronunciation. He argued that writing should be based on "una Ortografía *Ortológica*, es decir, fundada en la *boca*"

---

12. In regards to De Brosses's proposal, Drucker has asserted that "though it might have been pronounceable to the initiated, as a notation system it would have jettisoned the rich philological history of language apparent in traditional writing which in part conveyed meaning by the visual form of morphemes, prefixes and suffixes" (213).

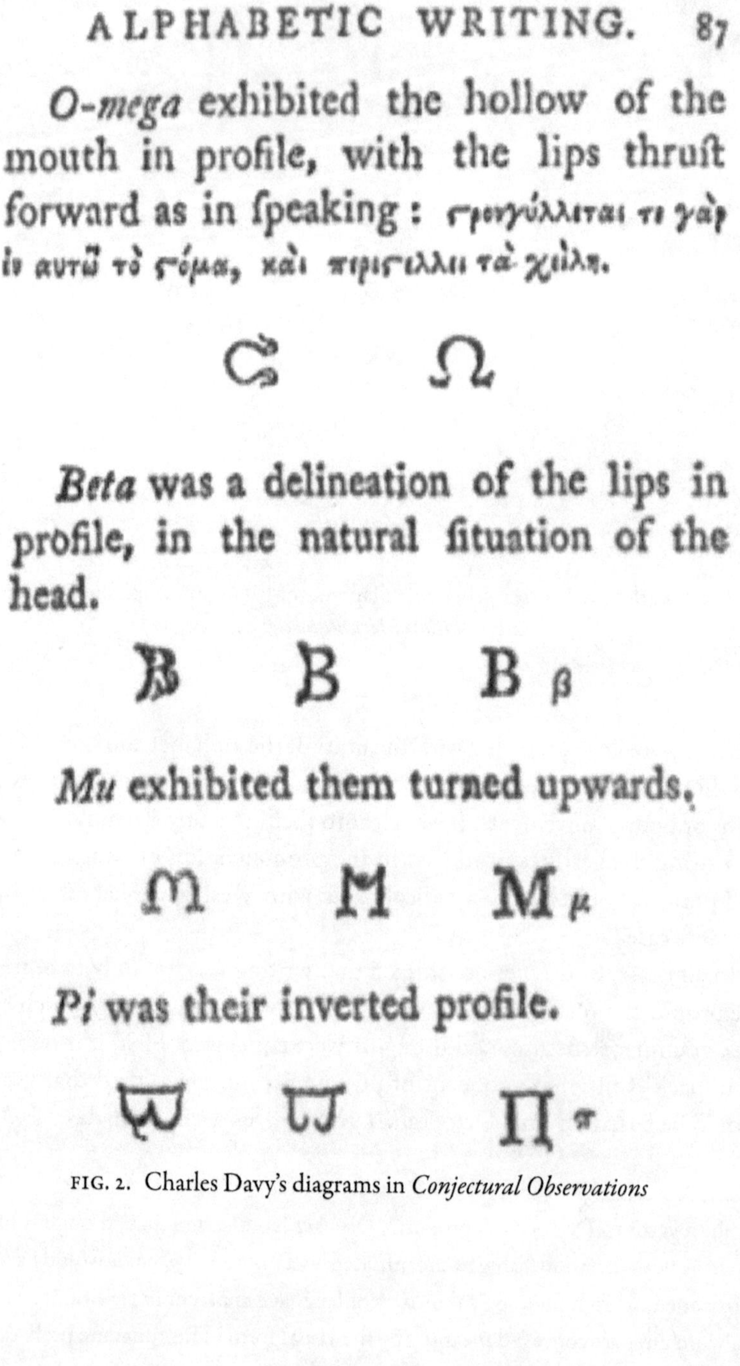

ALPHABETIC WRITING.   87

O-mega exhibited the hollow of the mouth in profile, with the lips thruſt forward as in ſpeaking: ϛρογγύλλιται τι γὰρ ἐν αυτῶ τὸ ϛόμα, καὶ περιϛέλλει τὰ χείλη.

ᥴ   Ω

Beta was a delineation of the lips in profile, in the natural ſituation of the head.

ℬ   Β   Β β

Mu exhibited them turned upwards.

ന   Μ   Μ μ

Pi was their inverted profile.

ധ   ᴗ   Π π

FIG. 2. Charles Davy's diagrams in *Conjectural Observations*

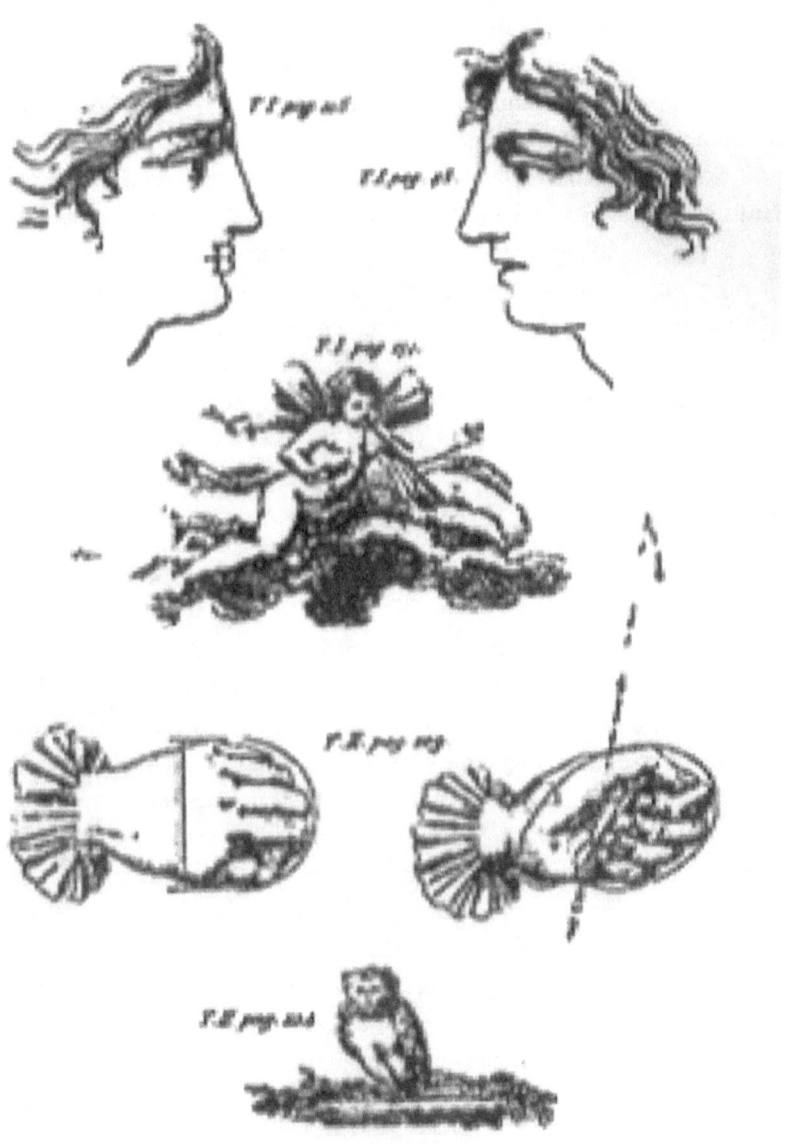

FIG. 3. Moussaud's graphs for A, B, C, and D in L'Alphabet Raisonné ou Explication de la Figure des Lettres.

(1990, 16). This emphasis on orthoepy highlights that he shared with Rousseau the determination to simplify the written form for it to meet the correct sound of words. For instance, Rodríguez argued that "[s]i los Españoles no pronuncian ni v... ni h... deberían suprimirlas" (1990, 13). However, Rodríguez did not limit his emphasis on pronunciation to the accommodation of writing in the standardized sound of words. Instead, he mainly focused on how writing could represent the facial gestures that produced those sounds. He differentiated between sounds and the movements of the mouth, arguing that writing was also to represent the latter: "Se hará conocer los que es *Voz y Boca*, cómo se forma la una, y cómo se emplean las partes de la otra para pronunciar–Se harán consistir las Letras en [ese] movimiento" (1990, 139). In the same line of De Brosses, Davis and Moussaud, Rodríguez maintained that, in depicting human pronunciation, writing was to represent gestures and facial movements.[13]

Painting Words

In his "painting of words", Rodríguez went further than his European counterparts. He argued that gestures were not only linked to the pronunciation of individual letters but also to the oral articulation of words and thoughts. Following Nebrija's orthographic principles, Rodríguez regarded that writing needed to illustrate graphically how thought was conceived. In that vein, he believed that writing was to depict the gestures that accompanied the oral expression of thinking. Interestingly, according to Rodríguez, to represent those movements, writing reforms didn't need to break with the Roman alphabet and create a new one grounded in facial motions (like the one that De Brosses proposed). Instead of creating a new system of signs, the Venezuelan pedagogue posited that writing was to use all the space of the page to "paint" the gestures accompanying the expression of thoughts, gestures that were a sort of "painting" in themselves:

---

13. In regards to De Brosses, Moussaud, and Davy's alphabetic reflections, Drucker has stated that "the unifying feature of these proposals was their profound belief that a close relation between written form and physiology would result in a more perfect alphabet–whether it could be merely demonstrated as historical fact or whether it had to be reinvented" (213).

Se puede PINTAR sin HABLAR
per no HABLAR sin PINTAR

Los **GESTOS** son un **BOSQUEJO**

de lo que la *mano* } por falta { *de medios*
no puede dibujar   { o de tiempo

GESTICULAR es pintar **EN EL AIRE**

en el discurso *hablado* } debe haber { conexión de Ideas
         como   y
en el • *escrito*   conexión de pensamientos

(Rodríguez, 1990, 218)

In this complex visual diagram, Rodríguez first asserts that neither writing nor speaking is as important as the "painting" of words: "Se puede PINTAR sin HABLAR / pero no HABLAR sin PINTAR" (1990, 218). This puzzling statement does not mean that he privileged the graphic trace of words –their writing as a sort of "painting"– over their pronunciation. Instead, he claims that the gestures accompanying oral communication are the original "painting" of words and thoughts. Gestures would be, for him, the first depiction of how thoughts are conceived: the first graphic representation of the connections between ideas as they are "painted" by bodily movements in the "air." Following this logic, a sequence of gestures would be a visual outline of ideas. In that light, the painting of thoughts in the space of page needed to be attentive to the way in which they were originally painted by gestures in the air. Concerning this, the syntax and sequence of writing were not to be dictated by neither grammar rules nor the conventions of linear writing. Instead, writing needed to use all the space of the page to visualize the dynamic and nonlinear sequence of gestures that accompanied the pronunciation of words and thoughts.

Rodríguez shared with De Brosses, Davy, and Moussaud the general idea that the connection between writing and oral speech was grounded in gestures. For all of them, the depiction of pronunciation in writing was the representation of the bodily movements accompanying the articulation of sounds. They all shared a vague notion of pronunciation that was not limited to the sounds of letters or words but was more concerned with the physical movements that produced those sounds. However, Rodríguez departed from the other thinkers in that, for him, gestures were not just related to the graphic origin of letters but to the depiction of thought. If Davy and Moussaud regarded letters as the expression of facial gestures, Rodríguez regarded gestures as the expression of thought. Even De Brosses would have been shocked by Rodríguez's approach to gestures, for the new physiological alphabet the French author proposed was an attempt at matching the facial gestures of pronunciation to writing, not to thought. De Brosses, Davy, and Moussaud sought to match pronunciation to writing, while the process of thinking was completely absent of their postulates. In contrast, Nebrija's influence in Rodríguez's art of painting words led him to posit that writing needed to match both pronunciation and processes of thought. In this regard, if Nebrija aimed to ensure the isomorphism between the realms of thinking, writing, and pronunciation through orthographic reforms, Rodríguez's notion of "gestures" allowed him to connect those three realms in quite a different way. If bodily gestures were the original "painting" of thoughts when being pronounced; then, to represent pronunciation and thinking, writing needed to paint those original paintings anew in the space of the page.

In that line, for Rodríguez, writing would be a sort of a secondary painting of thought: a derivative painting that normally lacked the means to engage in a comprehensive representation of the original body painting of thought. Indeed, in commenting that normally the hand cannot draw all the bodily gestures, Rodríguez implicitly regretted that linear handwriting was not able to provide the means ("*medios*") to transcribe into the space of the page the original painting of thoughts in the "air." Later, in his *Consejos de amigo dados al Colegio de Latacunga* (1845), he mocked the inefficiency of handwriting in these terms: "Hacer letras en la ARENA, con un PALITO, y borrarlas con la Mano, grabarlas en la PIZARRAS, y limpiarlas con Saliva [...] no es CALIGRAFÍA.........sino.........CRIPTOGRAFÍA" (1990, 269). In fact, for him, conventional handwriting would be an inefficient "painting" that could not adequately depict the connections between ideas as they manifested when painted by bodily gestures. To balance that deficiency of handwriting, and to be able to "Pintar los pensamientos como se conciben" (1990, 39), Rodríguez would develop his "art of writing" through typographic means. In this vein, he asserted in *Luces y virtudes sociales* (1840) that "la pluma de la filosofía/ es la Imprenta" (1990, 244). Faced with the limitations of linear handwriting, the art of thinking (philosophy) would look to the typographic characters of print media to find better means to express the gestural connections of ideas. In this light, Rodríguez's experiments with different typesetting, changes of letter case, the nonlinear arrangements of words would be attempts at capturing the original mannerism of thought in the space of the page. The distribution of typographic characters that saturated the pages of his treatises would aim to "paint" the original gestures of thought as a dispersion of gestures.

This depiction of the original mannerism of thought was, above all, a bodily process. Indeed, in *Luces y virtudes sociales* (1840), Rodríguez compared the pedagogic transmission of thought with the expression and ritualization of bodily motions in performing arts: "el único medio de transmitir la expresión en la música, en el baile, en la representación teatral, en la oratoria y en la enseñanza, en la tradición–no hay demostración, no hay signo que supla por los modales–el ademán, el gesto, las inflexiones de la voz, no pueden remitirse" (1990, 185). This passage has important implications for the graphic depiction of gestures in the space of the page. First, according to Rodríguez, bodily gestures could not be coded and typified in a system of signs, for the mannerism of thought and performing arts could not be broken down into an alphabet of discrete graphic elements. For him, if writing was to represent gestures, it was not through a systematic alphabet of facial motions such as the one proposed by De Brosses. In commenting on how to distribute the typographic characters in the space of the page, he elaborated further that idea that the painting of words was not to follow a systematic pattern but represent bodily sensations directly:

La *Separación* se pinta
poniendo la palabra o la frase *entre puntos*
El *asilamiento* se pinta

poniendo { la palabra o la Frase } *en medio de la página*

Las *Elipsis* se pintan { poniendo un punto debajo de la palabra omitida

Los Guiones indican la RELACIÓN
Las Llaves • la CONEXIÓN

Para *ejecutar* esto es menester SENTIR
nadie *aprende* a Sentir, y
de cualquier modo expresa cada uno *sus* sentimientos
(Rodríguez, 1990, 224)

Following this logic, gestures could not be depicted through signs but just transmitted through improvised typographic arrangements. In this way, the proper means to "paint" gestures would be to produce other gestures. This is why his typographic experiments did not follow a systematic pattern that could be broken down and decoded by his readers: those experiments were gestures in their own right. Yet, just as performing arts ritualized sets of bodily motions in "traditions" that could be transmitted and taught, pedagogy could also ritualize the use of typographic gestures to embody the original mannerism of thought and to convey it to the students. For Rodríguez, the transmission of thought through corporeal and typographic gestures was, above all, a bodily process that could be ritualized and conveyed as the steps of a dance. In such a way, those initiated in Rodríguez's art of painting words would be able to communicate with each other using similar sets of typographic gestures.

Printing Aesthetics and New Spirits

In the same years that Rodríguez toured Milan, Rome, Venetia, and Florence, the Italian typographer Giambattista Bodoni (1740–1813) developed a luxurious printing technique to publish short-run editions of classical and modern texts in which he suppressed all accents, spirits, and punctuation marks. In doing so, Bodoni deprived the readers of the means to approach his books as conveying ancient works and passages that could be read. He was not interested in transmitting the meaning of texts but in the production of books as luxurious objects, as visually lavish commodities to be consumed by a select audience of Bourbon princes. In fact, for Bodoni, classical and modern texts were nothing but dead letters that gave him an excuse to display his typographic skills. He would also design and cut specific type characters to print texts in "exotic" death tongues, texts what were not meant to be "read" but to be admired for the beauty of their typefaces [Fig. 4].[14] In one of Bodoni's first works, there is an image that explicitly exhibits this "death" of the meaningful letters and the aesthetic exaltation of the text as a mere visual register: the cover he framed in the form of an epitaph in his edition of the *Discorsi accademici* (1772) by the count Castone della Torre di Rezzonico [Fig. 5].

---

14. Pedro Cátedra has studied Bodoni's typographic aesthetics, focusing on the lavish editions of ancient texts for a select audience of nobles who were not able to decode them. In particular, Cátedra has analyzed Bodoni's operations with the arts of binding and typesetting, regarding Bodoni as the most important figure in "la renovación estética del libro neoclásico" (6). Cátedra also considers that Bodoni's aesthetics represent "el imperio del solo texto" as a visual register (8).

BVGELLA

INSCRIPTIO PHOENICIA

FIG. 4. *Epithalamia exoticis linguis reddita*

FIG. 5. *Discorsi accademici.* Engraved cover

In these images, we can appreciate that Bodoni depicted both ancient and modern texts as lapidary inscriptions that were to be seen rather than just read. Note that Bodoni's new types to represent non-Western writing systems are exemplary of late 18th- and early 19th-century tendencies among type designers. As Johana Drucker has argued, "[m]otivated by colonial, religious and, later, anthropological concerns, type designers cut new exotic faces to accommodate the demand for publications in non-European languages" (204).[15] This tendency increased after Jean-François Champollion deciphered Egyptian hieroglyphs in 1799, which spurred the collection and printing of these ancient texts in the hope that they would be decoded (Drucker, 239). Curiously, Bodoni did not treat texts in "exotic" languages as passages that needed to be preserved for further study and decoding. Instead, as both his editions of ancient fragments and the epitaph in the *Discorsi academici* suggest, he treated Western and non-Western written texts as pure images providing the raw materials for his typographic art. The death of textual meaning was, for Bodoni, an opportunity to depict letters and written signs as aesthetic images that were not to be recited but contemplated for the sake of aesthetic pleasure. In this respect, Rodríguez would also depict the printed texts as death letters but with a rather different aim:

> LEER, es RESUCITAR IDEAS, SEPULTADAS en el PAPEL:
> Cada Palabra es un EPITAFIO
> y que, para hacer esa especie de MILAGRO! es menester
> conocer los ESPIRITUS [sic] de las difuntas,
> o tener ESPÍRITUS EQUIVALENTES que subrogarles.
> (Rodríguez, 1990, 273)

If Bodoni's epitaph epitomized the triumph of visual types over the death of meaningful words, Rodríguez sought to use typography to resurrect the meaning of dead words. For him, printed words were also epitaphs that needed to be brought to life by the "miraculous" act of reading. In this regard, printing techniques could provide readers with "spirits" to revive dead words. Indeed, we can consider Rodríguez's typographic experiments as attempts at

---

15. The creation of new typefaces followed artisanal processes that date back to the invention of the press. As Drucker has explained, these new characters were grounded in "methods of cutting metal punches, making matrices, and casting type in hands-molds which [were] in place into de mid–19th century" (240).

infusing words and thoughts with equivalent "spirits" –or gestures– to the ones they had when being "painted" by bodily gestures in the "air." Just as bodily motions depicted the connection of ideas, typographic gestures were also to represent words as connected in meaningful structures. As noted, Rodríguez's typographic gestures sought to ritualize the embodiment and transmission of thought to his students and readers. We can add that such ritualization also contemplated the act of reading as a paramount element to transmit thought through printed texts.

New Beginnings: The Postcolonial Experience

Rodríguez's urgency to infuse vivid spirits and bodily gestures into "dead" words relates to the postcolonial cultural and political landscape in which he published his work. Which historical circumstances led him to break in such a radical way with the established conventions of writing and reading? What was the status of printing culture in post-revolutionary Spanish America for him to engage in such unique experiments? Why did he seek to ritualize so eagerly his gestural approach to printing and reading? In postcolonial Spanish American societies, there was a pervasive sense of confusion concerning the functioning of language and cultural codes, which manifested in the semantic instability of words. In the first decades of the 19th-century, there was a deep awareness among intellectuals that the meaning of political vocabularies was radically changing. Historian Rafael Rojas had stated, in the wake of the Independences, there was a widespread sensation among intellectuals that "[e]l mayor descalabro de la Ilustración y la Revolución [...] [había sido] la confusión de lenguas, la Babel doctrinal propiciada por el abandono del lenguaje de la monarquía católica" (2014, 80).

Likewise, in commenting on Rodríguez's writing experiments, critic Susana Rotker argued that the lack of a shared semantic ground in post-revolutionary Spanish American societies resulted in "una realidad en la que se abusa[ba] del lenguaje de tal modo que muchos vocablos se hallaban desgastados" (1995, 163). Rotker asserted that such wavering in the meanings of words produced "[un] vacío semántico" (1995, 163). The profusion of print publications without censorship since the downfall of the colonial period contributed to increasing this semantic void. Indeed, in describing the periodicals of the early 19th-century, Víctor Goldgel-Carballo has argued that "a medida que las impresas multiplicaban la escritura vulgar, especulativa y fragmentaria de los periódicos, la palabra escrita parec[ía] perder prestigio hasta reducirse a la más efímera y despreciable materialidad" (73). As this burst of ephemeral publications was transforming the printed word into a collection of hieroglyphs –like those of Bodoni's editions but without any luxury–, Rodríguez sought to deploy his typographic means to revive the meaning of printed words. Both the aesthetic experiments of Western typography (Bodoni) and the flurry of periodicals in Spanish America were turning printed texts into a pile of meaningless images. Yet, it was this wavering in the status and codes of printed writings that allowed Rodríguez to venture into unforeseen writing experiments to provide dead words with new "spirits".

The Venezuelan pedagogue was well aware of the semantic instability of print publications at that time, and of the radical challenge his text posed for the conventions of linear writing. Hence, a recurrent feature of his publications was their profuse preliminary texts where he gave abundant explanations on his pedagogic and political ideas, and on how to read his treatises. He published *Sociedades americanas* (1828) in Arequipa, Peru, as a "Prodomo," and described it as "un *Escrito Precursor*, que anuncia el [escrito] principal, y en calidad de tal, debe presentar el cuadro de la idea" (1990, 8). Then, the 1828 publication was nothing but a preamble for a forthcoming book. Yet, Rodríguez regarded this preliminary text as a necessary means to build a common ground of understanding with his readers. He stated in his reflection on the purpose of his prefaces that "[s]e dan definiciones, porque esta Obra es para instruir al pueblo; debe por consiguiente ser clara, fácil... EXOTERICA, como decían los antiguos, y como nosotros diríamos... EXTERIOR" (1990, 80). In presenting his "Prodomo" as an initiation in the protocols of his writing, Rodríguez transformed the reading of the preface into a rite of passage for the reader. Still, the reader could not fulfill the ritual in a single act: the 1828 "Prodomo" was accompanied by several internal paratexts, such as "Advertencia" (1990, 6), "Nota sobre los Prefacios" (1990, 8), and "Transición al texto" (1990, 39).

As if all these forewords were not enough, the long-expected book was finally published in 1842 in Lima as an assemblage of the 1828 preambles with new paratexts ("Advertencia", "Preliminar"), an 1840 "Introducción" that Rodríguez published in Valparaíso, and several concluding remarks. This copious paratextual material suggests that the Lima's 1842 publication of *Sociedades americanas* was nothing but the preliminary text for another forthcoming book. Moreover, like the forewords, the concluding remarks of the 1842 book were organized as a sequence of thresholds: "Conclusión"

(Rodríguez, 1990, 71), "Epílogo" (1990, 82), "Epi-Epílogo" (1990, 91), "Final" (1990, 95). In this respect, the 1828 publication had already anticipated the contiguity between the preambles and the closing remarks of the future book: "Si es urgente el hacer, desde luego, una fuerte impresión en el Lector.../ el Epílogo se pone antes del Exordio" (1990, 8). Rodríguez's *Luces y virtudes sociales* (1834) was also mostly comprised of preliminary materials, such as "Tratado" (1990, 155), "Galeato" (1990, 156) "Introducción" (1990, 179), "Antes de entrar en materia..." (1990, 205), and he placed the closing remarks of that book, "Conclusión" (1990, 199), before the last preamble. By setting the prefaces and the closing remarks of this text in that order, Rodríguez emphasized the connection between the beginnings and the endings of his intellectual endeavors, which were assembled as contiguous preambles. Rodríguez's publications tended to have extensive forewords and lengthy closing remarks but not much content between the two: the beginnings and the ends of his works succeeded in an unending chain of thresholds.

The paratextual nature of Rodríguez's works departed from the conventional functions of preliminary texts. Normally, prologues and other paratexts are complementary discourses that enable a contiguous text to become a book and to be offered as such to its readers (Genette, 7). Instead, Rodríguez's thresholds were far from just anticipating an ulterior text. While his initial publications imagined and outlined the contents of future books, the publication of these books did nothing but to add more paratexts to the initial publications. Due to his obsession with framing everything, he incessantly deferred the publications of the books he announced. However, we should note that it was in those textual frames where his art of painting words and thoughts took place. As he had already announced in the 1828 Arequipa's "Prodomo", his prologues, and prefaces "preparan la Exposición y, a veces, son la Exposición misma" (1990, 8). Then, Rodríguez's paratexts were not just preliminary framings to present a work but the spaces where his work unfolded, where the connections between thoughts were "painted" with typographic gestures, and where his forethoughts juxtaposed their closing remarks to open new beginnings. Indeed, Rodríguez constructed his texts as an infinite rite of initiation for the readers that demanded from them to always begin to read anew.

Accordingly, he conceived of the reading of his texts as an ongoing task that could not be accomplished in one sitting. As he stated in the 1842 Lima edition, "[s]i la obra interesa, la lectura no puede ser seguida: por eso se dividen los escritos en Párrafos, Artículos y Capítulo, que son *reposos de la atención* ... No es posible estar, todo un día leyendo sin cesar ... : los ojos se cansan de descifrar y la mente de comprender" (1990, 47). The spaces between paragraphs, diagrams, and nonlinear arrangements of texts were typographic gestures, brackets, and punctuation marks to capture the attention of his readers to engage them always anew in an episodic but never-ending reading of his painted thoughts. As noted, for Rodríguez, the original mannerism of thinking could not be broken down and coded into a system of signs. So, the transmission of the gestures of thought in the space of the page led to the endless creation of new typographic gestures. Just as his publications engaged in the endless production of new beginnings, his typographic gestures explored the space of the page as if each writing operation was a new beginning of thought. Relating to this, in an insightful remark on Rodríguez's texts, philologist Pedro Grases asserted that "[c]ada página está concebida de manera singular y no a capricho sino habiendo estudiado la distribución tipográfica de espacios, tipos de letra, renglones cortados, mayúsculas [...] de la idea que quiere transmitir" (10). Just as each of Rodríguez's publications was a new beginning of writing, each page of his treatises created a new opening to engage the readers in the transmission of his thoughts.

Rodríguez's paratexts were not mere traces of unaccomplished projects. Instead, these preliminary texts turned those projects into a succession of incessant beginnings, of endless paratextual rituals through which he attempted to create a new type of reader. As there was no difference between the introductions and the ends of most of Rodríguez's writings, he discarded the discrepancy between prospects and their realizations, between the beginnings and the ends of his writing. In realizing his typographic gestures as an endless succession of new beginnings, Rodríguez transformed the means of the printing press into the endless production of new writing and reading practices that could not be codified but needed to always begin anew (as the lettering of his texts). In such a way, his paratextual framings were a sort of an embodied machine always producing new discourses and new gestures, new openings to begin to write and read.

As the incessant beginnings that characterized the typographic gestures of his publications, Rodríguez's engagement with Western spelling debates and typographic aesthetics turned European models into never-ending means without ends to imagine an open future for experimenting with the written speech in postcolonial Spanish America. In realizing his "painting of words" as a never-ending initiation, his intellectual endeavors bespeak the new "spirits" of the early postcolonial experience, namely, the hopes and uncertainties with which Spanish American societies imaged their open futures in the aftermath of their independence. In this milieu, Rodríguez's take on Western enlightened practices was an early postcolonial attempt at heralding an era of incessant experimentation and originality for Spanish American societies.

Works Cited

Amunátegui, Miguel Luis. 1984. *Ensayos biográficos*. Santiago de Chile: Imprenta Nacional.

Arroyo, Jossiana. 2010. "Lenguaje y techné: la gramática de las Américas". *Revista de Crítica Literaria Latinoamericana* (36, 71): 29–53.

Bello, Andrés, and Juan García del Río. 1823. "Indicaciones sobre la conveniencia de simplificar la ortografía en América". *El Repertorio Americano* (1): 27–41.

Bodoni, Giambattista. 1772. *Discorsi accademici del conte Castone della Torre di Rezzonico Segretario Perpetuo della Real Accademia delle Belle Arti*. Parma: Stamperia Reale.

———. 1775. *Epithalamia exoticis linguis reddita*. Parma: Regio Typographeo.

Briggs, Ronald. 2010. *Tropes of Enlightenment in the Age of Bolívar: Simón Rodríguez and the American Essay at Revolution*. Nashville: Vanderbilt University Press.

Cassin, Barbara. 2014. "Introduction". In Barbara Cassin, ed. *Dictionary of Untranslatables: A philosophical Lexicon*. Princeton: Princeton University Press. XVIII–XX.

Cátedra, Pedro. 2012. "Encuadernaciones bodonianas". In María Luisa López Vidriero, ed. *Grandes Encuadernaciones en las Bibliotecas Reales*. Madrid: El Viso. 191–224.

Crain, Patricia. 2000. *The Story of A: The Alphabetization of America from The New England Primer to The Scarlet Letter*. Stanford: Stanford University Press.

Davy, Charles. 1772. *Conjectural Observations on the Origin and Progress of the Alphabetic Writing*. London: T. Wright.

Deleuze, Gilles and Félix Guattari. 1993. *A Thousand Plateaus: Capitalism and Schizophrenia*. Minneapolis: University of Minnesota Press.

De Brosses, Charles. 1765. *Traité de la Formation Mécanique des Langues et des Principes Physiques d'Etymologie*. Paris: De Brosses.

Drucker, Johanna. 1995. *The Alphabetic Labyrinth: The Letters in History and Imagination*. New York: Thames and Hudson.

Genette, Gérard. 2001. *Umbrales*. México: Siglo XXI.

Goldgel Carballo, Víctor. 2013. *Cuando lo nuevo conquistó América: prensa, moda y literatura en el siglo XIX*. Buenos Aires: Siglo XXI.

Grases, Pedro. 1954. *Simón Rodríguez: escritos sobre su vida y obra*. Caracas: Consejo Municipal de Caracas.

Lastarria, José Victorino. 1878. *Recuerdos literarios*. Santiago de Chile: Imprenta de la República de Jacinto Núñez.

Molloy, Silvia. 2012. *Poses de fin de siglo: desbordes del género en la modernidad*. Buenos Aires: Eterna Cadencia.

Morales Gil, Eduardo. 2006. *Simón Rodríguez y Simón Bolívar, pioneros de la educación popular: orígenes de las escuelas bolivarianas*. Caracas: El perro y la rana.

Moussaud, J. Marie. 1803. *L'Alphabet Raisonné ou Explication de la Figure des Lettres*. Paris: Crapelet.

Nebrija, Antonio de. 1777. *Reglas de ortografía de la lengua castellana*. Bogotá: Instituto Caro y Cuervo.

Padgen, Anthony. 1990. *Spanish Imperialism and the Political Imagination: Studies in European and Spanish-American Social and Political Theory, 1513–1830*. New Haven: Yale University Press.

Poblete, Juan. 2000. "Lectura de la sociabilidad y sociabilidad de la lectura: La novela y las costumbres nacionales en el siglo XIX". *Revista de Crítica Literaria Latinoamericana* (26, 52): 11–34.

Rama, Ángel. 1984. *La ciudad letrada*. Montevideo: Fundación Internacional Ángel Rama.

Rodríguez, Simón. 1990. *Sociedades americanas*. Caracas: Biblioteca Ayacucho.

———. *Defensa de Bolívar*. 1916. Caracas: Ediciones de la Imprenta de Bolívar.

Rojas, Arístides. 1972. *Leyendas históricas de Venezuela*. Caracas: Oficina Central de Información.

Rojas, Rafael. 2014. *Los derechos del alma: ensayos sobre la querella liberal-conservadora (1830–1870)*. Madrid: Taurus.

Rotker, Susana. 1995. "Simón Rodríguez: tradición y revolución". In Beatriz González Stephan and Hugo Achugar, coords. *Esplendores y miserias del siglo XIX: cultura y sociedad en América Latina*. Caracas: Monte Ávila. 61–82.

———. 1999. "Nation and Mockery: The Oppositional Writings of Simón Rodríguez". In Doris Sommer, ed. *The Places of History: Regionalism Revisited in Latin America*. Durham: Duke University Press. 119–33.

Rousseau, Jean-Jacques. 1986. *Two Essays on the Origin of Languages*. Chicago: University of Chicago Press.

Rozitchner, León. 2012. *Filosofía y emancipación: Simón Rodríguez, el triunfo de un fracaso ejemplar*. Buenos Aires: Biblioteca Nacional de Argentina.

Rumanzo, Alfonso. 2005. *Simón Rodríguez: maestro de América*. Caracas: Ayacucho.

Russo, Alessandra. 2014. *The Untranslatable Image. A Mestizo History of the Arts in New Spain, 1500–1600*. Austin: University of Texas Press.

Santiago, Silviano. 2001. *The Space In-Between. Essays on Latin American Culture*. Durham: Duke University Press.

www.ingramcontent.com/pod-product-compliance
Lightning Source LLC
Chambersburg PA
CBHW021845220426
43663CB00005B/415